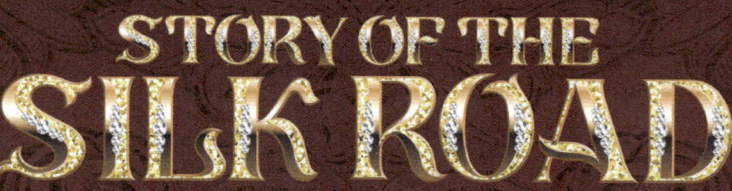

西方人眼中的
古代丝绸之路

[英] 阿普里尔·马登 编著　王健敏 译

中国画报出版社·北京

图书在版编目（CIP）数据

西方人眼中的古代丝绸之路 /（英）阿普里尔·马登编著；王健敏译. -- 北京：中国画报出版社，2025.4
（萤火虫书系）
书名原文：Story of the Silk Road
ISBN 978-7-5146-2427-4

Ⅰ.①西… Ⅱ.①阿… ②王… Ⅲ.①丝绸之路—研究 Ⅳ.①K928.6

中国国家版本馆CIP数据核字(2024)第093628号

Articles in this issue are translated or reproduced from Story of the Silk Road First Edition and are the copyright of or licensed to Future Publishing Limited, a Future plc group company, UK 2020.

北京市版权局著作权合同登记号：01-2024-5811

西方人眼中的古代丝绸之路

[英]阿普里尔·马登 编著　王健敏 译

出 版 人：方允仲
责任编辑：李　媛
内文排版：赵艳超
责任印制：焦　洋

出版发行：中国画报出版社
地　　址：中国北京市海淀区车公庄西路33号　邮　编：100048
发 行 部：010-88417418　010-68414683（传真）
总编室兼传真：010-88417359　版权部：010-88417359

开　本：16开（787mm×1092mm）
印　张：13.25
字　数：212千字
版　次：2025年4月第1版　2025年4月第1次印刷
印　刷：北京汇瑞嘉合文化发展有限公司
书　号：ISBN 978-7-5146-2427-4
定　价：76.00元

欢迎踏上
古丝绸之路

　　丝绸之路由来已久，一直是充满异域情调的东方（或西方，取决于你的视角）的代名词。那么，这条连接欧洲和亚洲的贸易之路到底发生了什么？它能揭示古代和中世纪各国之间的相互联系吗？

　　我们通常认为，在古代和中世纪，各个国家各自为政，只有少数几个强悍的国家敢于向未知领土进发，拓展自己的疆域。而实际情况如何呢？这一历史时期的世界究竟是什么样的呢？答案是，事实比我们想象的要复杂得多。商人们通过陆路和海路进行广泛的贸易往来，不仅将各类商品带到世界各地，也将他们的思想文化传播到远方。古代丝绸之路为我们呈现了一个更加广阔、更加灿烂、各国联系更加紧密的世界，远远超乎我们的想象。

目 录

006　丝绸的故事	106　丝绸之路上的信仰交融
018　丝绸之路之前	111　古代世界的丝绸
037　古代中国	123　乳香和没药
042　匈奴的兴衰	141　阿克苏姆王国
049　苏联沙漠的秘密	151　拜占庭对丝绸的垄断
055　大宛天马	159　失落的阿尼古城
061　陆路和海路	166　和平之城
070　波斯的黄金时代	177　马可·波罗游历忽必烈的宫廷
078　丝绸之路上的亚历山大	194　撒马尔罕
088　塔克西拉	200　如何建立贸易路线
097　印度的哲学家国王	207　衰落与重生

丝绸的故事

蚕丝是一种不起眼的蚕蛾幼虫吐的丝，
虽然看似普通，但对人类社会历史的发展有着重大影响

本·加祖尔

丝绸之路，顾名思义，是以丝绸为主的贸易之路，丝绸是丝绸之路贸易的核心所在。丝绸来到西方，就相当于来到了对其产地、原产国一无所知的那些国家。但是，那些国家的人知道的是，他们都想要这种光滑、柔软、华丽且有一定韧性的织物，他们愿意付高价购买。丝绸不仅在当今是一种昂贵的织物，在过去的几个世纪里，人们也为购买它及其他来自东方的奢侈品花费了巨额资金。古罗马百科全书式作家老普林尼（Pliny the Elder，约23—79）曾计算过1世纪古罗马人购买各种宝石和织物所支出的费用，"按照当时的最低价格计算，印度和塞里斯[①]（Seres）……每年耗费我们帝国1亿塞斯特斯（sesterce）。"人们为什么如此渴望丝绸并跨越如此遥远的距离进口它呢？

---
① 意为丝国、丝国人，是战国至东汉时期古希腊和古罗马地理学家、历史学家对与丝绸相关的国家和民族的称呼，一般认为指当时中国或中国附近地区。

丝绸，这种由长长的、细细的蚕丝线精心编织而成的布料，是古代中国经济的主要产业之一

▲ 这幅 12 世纪的画作展示了中国古代宫廷仕女缲丝的场景（丝线经过缲丝后才能织成丝绸布料）

丝绸神话

在中国的古老传说中，有一位叫轩辕的统治者，也就是人们所熟知的黄帝，他为古代中国人民创造了许多文明奇迹。黄帝的统治时期可以追溯到大约公元前 2600 年。据说，正是在他统治期间，首次发现了蚕丝。据传有一天，黄帝的妻子嫘祖夫人正坐在桑树下喝茶。突然，不知什么东西从树上掉了下来，恰好落到她的茶碗里。她赶紧去捞，却拽出了一根细丝；她越拽，细丝就越多……很快，花园里到处是这样的细丝。这究竟是什么东西呢？嫘祖夫人百思不解。她环顾四周，发现头顶的树上挂着许多蚕茧，而掉在茶碗里的，正是蚕茧。

于是，嫘祖夫人开始实验。她将一颗蚕茧浸入滚烫的茶水中，发现它很快就变软、溶开了。她将蚕丝一圈一圈地缠绕在手上，就这样收集到了好多丝线。嫘祖夫人知道这种天然纤维非常有用，于是种了一片桑树林，养蚕、采丝。除此之外，嫘

▲ 这块公元前4世纪的中国丝绸显示出中国古代织工所具有的高超纺织技能

祖夫人还有许多发明创造，例如，能将一条条单根丝线连接到一起的像卷轴一样的缫丝工具，以及将丝线织成布料的织布机。

因此，嫘祖夫人被认为是养蚕业的开创者。过去，中国农历四月被称为"蚕月"，因为每年四月人们就开始养蚕。今天，人们将嫘祖夫人奉为丝绸女神，中国湖州市每年都举办祭祀嫘祖夫人的活动。

虽然嫘祖夫人的故事可能只是传说，历史上是否确有其事还存在争议，但它说明了中国人对丝绸的重视以及丝绸在中国经济中占据的重要地位。除了中国，越南及其他一些亚洲国家都有与蚕有关的民间故事，有些故事歌颂了蚕的自我牺牲精神，正所谓"春蚕到死丝方尽"。在日本，人们认为蚕是由少女化身而成的。日本流传着这样的故事：一个不幸的女孩被邪恶的继母放逐到一只桑木做的船上，海浪将船打翻，女孩落入水中，幸运的是她被当地人救起，但是一段时间后她还是离开了人世，她的灵魂变成了蚕……正是从她身上，日本获得了丝绸。

▲ 在古代中国，丝绸贸易非常重要。图中描绘的是宫廷正在举办桑叶收获仪式

丝绸，这种高贵的、具有传奇色彩的织物最终从中国、从亚洲跨越千山万水走遍了世界。

丝绸的发现

丝绸的真正起源可能永远无人知晓，但是如果想寻找丝绸最早的踪迹，最好的办法就是查阅考古文献。在中国山西仰韶文化遗址，人们发现了一颗剖开的蚕茧，其年代约为公元前5000—前3000年。考古人士认为它是被人有意剖开的。但为什么这么做呢？如果是用来生产丝绸，似乎不太可能，因为蚕茧一旦被剖开，丝纤维就被割断了，也就不可能用于生产丝绸了。那就另有原因。蚕的幼虫，也就是茧蛹，是可以食用的。在一些国家，人们现在还有吃茧蛹的习俗。所以，这个蚕茧被剖开可能是为了取里面的茧蛹吃。

现存最古老的丝织品是在中国浙江省湖州市城南的钱山漾遗址发现的，可追溯到约公元前2700年。从发现的丝绸碎片上，我们可以看到丝线是如何编织到一起成为丝绸布料的。另外，人们还发现了纺纱和织布的工具，这些发现反映了丝绸的早期发展情况。

天然纤维有一个缺点，时间久了就会不坚固。虽然丝绸这种天然纤维织物相对结实耐用，但是在某些情况下，例如沾染

丝绸的生产

丝绸的生产过程涉及多个复杂的工艺步骤，还需要高度的专业技术和精细的操作。同许多昆虫一样，蚕要经历一次蜕变的过程，即身体结构、形态发生变化后变成成虫。为此，它们必须结成一个具有保护作用的茧壳，这样蚕就可以在茧壳内完成蜕变。这个茧就是丝绸的来源。

蚕大约需要三天的时间将茧缠绕在自己身体周围，形成一个茧壳。单根蚕丝的宽度仅为0.025毫米，但长度可达1000多米。这些丝是由蚕口腔中的腺体分泌出来的，它们交织在一起，将变成蛹的蚕围绕在其中。一旦蚕茧用来纺丝，蚕蛹就失去了作用，必须在蜕变前将其杀死，因为如果它们活着，就会产生一种酶，这种酶会削弱蚕丝的强度，蚕就会破茧而出。而蚕在破茧而出时，也就是蚕从蛹变成蛾时会割断蚕丝，这大大缩短了蚕丝的长度，这样的蚕丝在制作丝绸时用处不大。

早期，要想获取蚕丝，就要像传说中的那样，将蚕茧放入热水中浸泡。这样，一根根丝线就会被梳理开。蚕丝是由一种叫纤维蛋白的蛋白质和一种叫丝胶的黏性物质构成的。如何洗掉丝胶，或者说如何给丝线脱胶，是中国人的珍贵技术。不过，丝胶在蚕丝生产的早期阶段非常有用，因为它可以将单股丝粘在一起。在制丝过程中，通常将30~50个蚕茧同时放入热水中，缫丝工从每个蚕茧中抽出一根细细的丝线，然后将这些丝合在一起，形成一根足够粗的丝线，这样的丝线才能用来制造

了细菌、霉菌，或者被虫子噬咬，它们也会破损、分解。研究人员曾对约公元前5500年的一座古墓内的土壤进行检测、分析，发现里面有丝绸的成分，这项结果可能将丝绸在服装中的应用推前了几千年。

除了考古发现之外，古代人使用丝绸的最好证据可以在现存的文字记录中找到。在中国商朝，文字得到了发展，出现了甲骨文，即刻在龟甲兽骨上的文字。从甲骨文中，我们可以看到蚕、桑树和丝绸都有确切的名称，这是关于丝绸的最早文字记录，同时也表明当时中国的养蚕业已经非常发达。

古罗马的丝绸

古罗马人知道两种丝绸，一种来自遥远的东方，他们称之为 Serica，即中国丝绸，是我们非常熟悉的高档丝绸；另一种被称为 coa vestis，即科斯岛（Kos，希腊岛屿）丝绸。科斯岛丝绸的原料来自一种特殊的大型蚕虫，这种蚕不吃桑叶，是杂食性动物。和中国人养蚕不同，古希腊人是等待蚕茧里的蛹变成蛾破壳而出后才制作蚕丝。科斯岛丝绸透明度非常好，深受古罗马人的青睐。老普林尼将虫茧的发现归功于岛上一位名叫帕菲尔（Pamphile）的女士。他还盛赞用这种丝绸制作的裙子，因为"它们在遮住女性身体的同时，也展现了女性胴体的魅力"。这种丝绸由于透光性好，上身后很显身形，但很暴露，所以常常与妓女和其他道德败坏的人联系在一起。

老普林尼认为，女性穿上这种丝绸制成的衣裙非常迷人，但他却对男人穿上它表示遗憾。他曾说过："在夏天，这种布料制成的衣服非常薄透，但男人们并不以身着这样的衣服为耻，因为在我们这个时代，羞耻感已经退化到了如此地步。"

后来，随着更优质的中国丝绸被阿拉伯人运到了埃及的市场，中国丝绸很快就成了古罗马贵族的抢手货。据说古罗马的赫利奥加巴勒斯皇帝（Emperor Heliogabalus，218—222 年在位）是古罗马第一个穿丝绸衣服的人。

▲ 丝绸服装一直受到古罗马人的推崇，但有时也与堕落和道德低下联系在一起

▲ 将蚕茧吐出的生丝加工成一匹匹完整的丝绸是一项需要大量劳力的工作，也是一个复杂且精细的工艺流程

丝绸。由于丝线很细、很轻，将它们合在一起并不容易。

想获得丝绸，首先要养蚕。养蚕是一件棘手的事。今天的蚕已经被人工培育成用于制造丝线的家蚕，如果没有人的干预，它们可能无法生存。现在的成蚕已经不会飞了。它们经过人工挑选后，可以在拥挤的环境中生长，而且长得很快，产丝也更多。因此，早期用野生蚕生产的丝绸比现在的丝绸更加珍贵。蚕是吃桑叶长大的。现在的桑树经过培育后枝条低垂，这样人们更容易采摘桑叶。虽然许多桑树的叶子蚕都吃，但是吃白桑树叶的蚕吐出的丝异常洁白，强度也更高。

丝绸的社会价值

丝绸并不仅仅因为稀缺而被人们珍视，它本身也具有许多独特的优点。丝绸质地柔软，光泽鲜亮，肌肤与它接触，是那么舒服，简直就是一种享受。此外，丝线韧性强，可以织成质地非常细腻的丝绸布料。丝绸还具有轻薄、透气的特点，非常适合在炎热的天气穿着。当然丝绸也可以制成保暖的衣服，那就是在两层丝绸中填充其他材料，如棉花；蚕丝边料经过加工后也可以用作填充材料，使衣服更加保暖。

约公元1000年，日本人在著作中描述了一位达官贵人所穿的丝绸衣服："他身披中式淡紫色绸纱斗篷，斗篷下是素雅挺阔的白色丝绸衬衣；下着深栗色底裤，底裤外是淡紫色锦缎长裤……你可能会觉得，这么多层服饰会不会给人一种闷热的感觉呢，但事实上，他给人的感觉却是轻便凉爽，华丽无比。"

对于那些习惯于羊毛和棉布等较粗面料的人来讲，最令他们感到惊奇的是，丝绸可以薄得不可思议。丝绸除了可以薄如蝉翼，它的价值还体现在染色方面。丝绸可以染成多种颜色。最初，蚕丝的颜色是由喂养蚕的桑叶决定的。白桑叶能让蚕吐出白色的丝，而普通的桑叶会让蚕吐出米色的丝。后来有了染色技术，如果对丝绸进行染色，首先要将其漂白，然后用果汁、植物或矿物染料等将它们染成所需要的颜色。丝绸上还可以印图案，也可以由熟练技工通过织布机直接在丝绸上织出图案。

还有一种彩绘丝绸，它是达官贵人们的最爱。在公元前2世纪的辛追夫人（也称作戴夫人）墓中，发现了一块彩绘丝绸，丝绸上的图案清晰可见，完好无损：中间是辛追夫人，上面是天界，下面是冥界，这是中国最早的彩绘肖像。在马王堆还发现了写有文字的丝绸，它与彩绘丝绸是同一时期的，文字内容是关于宗教方面的。

中国汉代有服饰制度，规定丝绸，特别是带花纹的丝绸，只能用于上层阶级制作服装。这些制度旨在用服饰区分不同的阶层，但实际上并没产生应有的效果，有钱的商人及一些暴发户总会想方设法穿戴用奢侈布料制作的服饰。

随着丝绸的发展，它很快成为中国纺织品的重要材料。一些地方官府有时会附设丝绸作坊，专门为重要官员生产丝绸。丝绸价值高且便于携带，因此经常被用来替代货币。丝绸还可以用来当作税款，中国唐朝的"租庸调"税制规定，每个应纳税的成年人都必须提供两匹丝绸。

丝绸不仅改变了中国人的着装和经商方式，还在中国与外部世界的交往中发挥着重大作用。

丝绸贸易

中国人了解丝绸对外国人的价值。尽管在某些时期，麻布由于比丝绸稀有而被认为具有更高的地位，但人们显然对丝绸更感兴趣。作为一种外交方式，中国会向其他国家赠送丝绸，这可能是丝绸最初传入到其他地方的原因。

丝绸在中国以外的地区也存在。公元前1000年左右，在一位被制成木乃伊的古埃及妇女的头发中发现了一块丝绸碎片，但直到很久以后，才有证据表明在中国境外的许多地区存在着大规模的丝绸贸易活动。

古代中国最初踏足西方以及后来出现的丝绸之路并非出于经济考虑，而是源于保护自己不受外来干涉的愿望，以及进口某些物品的需要。例如，中亚的费尔干纳马（大宛天马）是中国人梦寐以求的。那么如何才能得到这种马呢？用丝绸换。正如丝绸贸易在中国境内很容易进行一样，费尔干纳马贸易在中国境外也很容易进行。用丝绸换取境外的费尔干纳马不仅能够满足中国人的需求，还使中国与境外国家有了往来，并将境内的丝绸传播到境外。另外，由于丝绸是支付中国边疆士兵军饷的理想方式，这无形中也促使丝绸得到进一步传播。

▶公元前2世纪的辛追夫人墓中出土的彩绘丝绸，上面绘有身着华美丝绸长裙的辛追夫人，这是最早的中国彩绘人物像

公元前2世纪，中国派出的第一位使节张骞来到费尔干纳（今乌兹别克斯坦东部），他惊奇地发现当地市场上有大量的中国商品，包括丝绸。这些商品未经官方批准，它们是随着民间贸易带出去的。我们还从现存的中国历史文献中了解到，一些执行公务的使节也会利用出行机会将国内的物品带到国外，进行个人贸易活动。对于丝绸来讲，它还可以作为礼品。当丝绸作为礼品送给一些偏远地区的部落时，这些部落也会将丝绸转送给其他部落，如此这般，知道丝绸的人越来越多，并且都希望能拥有这种华丽的布料。由于中国对丝绸的生产工艺严加保密，外人无从知晓，因此他们垄断了丝绸市场。很快，一匹匹丝绸被运出中国，运往境外的各个地区，随后大量金钱和各种货品回流到中国。当时，这是中国统治者的重要收入来源。

丝绸贸易为中国带来了巨大财富，因此中国多位皇帝颁布法令保护丝绸贸易。

▲ 这幅 12 世纪的画作展示了中国宫廷女子在将丝线织成丝绸之前捶打丝线的情景

法令规定，任何将蚕或蚕卵偷运出国的人都将被处死。这一法令似乎很奏效，因为几个世纪以来，中国一直是丝绸的唯一生产国。但是，丝绸生产的秘密终究还是泄露了。据说公元300年左右，一位朝鲜人将丝绸生产的秘密带到了日本。到了6世纪，拜占庭帝国也开始生产丝绸，传说是查士丁尼皇帝（Emperor Justinian）派了两个僧侣到中国，他们偷偷把蚕卵包裹好放在手杖里带了出去。

现在许多国家都能生产丝绸，但在整个中世纪，中国一直是高品质丝绸的主要生产国。这些将中国丝绸运送到各个国家、各个地区的路线发展成为连接东西方的贸易网，也就是著名的"古代丝绸之路"。

来自海洋的丝绸

不仅蚕能够产出丝绸，生活在地中海的一种大型双壳软体动物也能做到这一点

生活在地中海的一种大型双壳软体动物会用自身的细丝将其整个身体附着在岩石上。对于软体动物来讲，这些丝就是坚固的锚，但对于人类来讲，它们是一种高品质天然纤维，被称为海丝。

海丝早在2世纪就有记载，当时一位古希腊作家描述了一种叫"海之毛"的东西。古代迦太基学者特土良（Tertullian，150—225）也曾提到："海洋能产生绒毛，因为长满苔藓的贝壳上就有毛茸茸的东西。"还有古代资料描述了海丝制成的衣服有多么贵重，一位波斯学者说，一件海丝长袍价值1000多金币。

关于海丝，最令人惊讶的或许是中国人对它的追捧。早在汉朝时期，中国人就花重金从西方千里迢迢进口海丝。海丝纤维虽然比蚕丝纤维粗，但因其闪烁着金灿灿的光泽而备受珍视。如今，只有一位生活在意大利的妇女还在继续生产海丝。

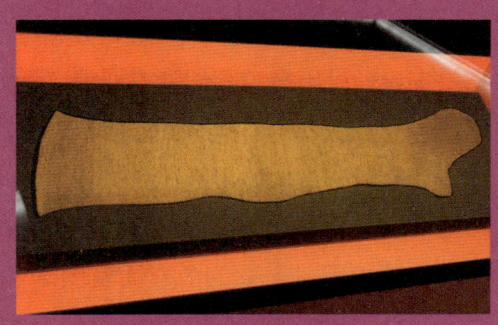

▲ 海丝无法大量生产，由于其稀缺且闪烁着金色的光泽而非常珍贵

丝绸之路之前

早在连接中国和欧亚各国的贸易之路出现之前，
不同文化间的交往已经存在数千年了

本·加祖尔

说到古代世界，我们可能会想到那是由一个个与世隔绝的小社会组成的时代，这些小社会之间相互联系很少。由于文献史料有限，我们很难了解我们的祖先是如何生活的。但是考古发现显示，在丝绸之路建立之前，各国之间的贸易往来就非常频繁，并且已经形成了网络。

我们从古代巴比伦史诗《吉尔伽美什史诗》（Epic of Gilgamesh，诞生于近4000年前的两河流域，最早可见的文本是公元前18世纪用楔形文字刻制的十二块泥版）等古代文献中了解到，一些木材，如雪松木，在近东地区非常重要。这些木材主要生长在黎巴嫩，它们穿过河流、走过陆地，被运送到有木材贸易的地方。琥珀也许最能反映古代世界各国是如何跨越大陆进行贸易往来的。出产琥珀的地方非常少，但琥珀因其美丽的色彩而备受珍视，交易遍及欧洲内外。在埃及发现了公元前3000年的产自波罗的海的琥珀珠，而在波罗的海沿岸的北欧国家的一些墓葬中也发现了产自埃及的玻璃珠。因此说，贸易从来就不是单向的。

随着一个个国家的建立，商品贸易更加正规化，出现了税收，即对进出口商品收取一定费用。税收对统治者来讲非常重要，只要有商品交易，就有税收，他们就能从中获益，因此统治者采取各种措施鼓励贸易。在波斯帝国皇帝大流士一世（King Darius，公元前550—前486）统治时期，国家大规模修建、改建道路，建成了一条从地中海到首都苏萨（Susa）的长达1600多英里[①]的大道。这条"御道"可以使信使快速穿越帝国，同时也促进了各城市之间的贸易往来。

御道可能是古代最伟大的成就之一，但是千百年来，在御道出现之前，各地区之间的贸易也一直在井然有序地进行着。

---

① 1英里约为1.6093公里。

▲ 贵重物品、异国食物，尤其是丝绸的贸易，为古代世界各地之间建立了联系

丝绸贸易时间表

重要节点
丝绸

蚕丝是蚕的幼虫在发育过程中为保护自己吐出的丝。大约在5000年前，中国人发现，可以从蚕茧中抽取缕缕细丝，将这些细丝纺成丝线后就能织出华丽的丝绸。与中国有过接触的其他国家的人很快也喜欢上了柔软、光滑的丝绸，所以当时的丝绸贸易非常活跃。为了将丝绸从中国顺利传运到其他国家就需要一条通道，这条通道就是后来的"丝绸之路"，所以说丝绸是丝绸之路出现、发展的关键。

翻山越岭的青金石
公元前5000年

青金石只有在阿富汗山区才能开采到，但后人在巴基斯坦却发现了青金石珠，它们距今已有7000年的历史。这种比较珍贵的宝石还传到了两河流域的美索不达米亚，并进一步向西进入埃及。

驯养骆驼
公元前2500年

在偏远、荒芜地区的城镇之间往来、跋涉，仅靠人力是不够的。骆驼是商人们的最佳运载工具，它们不仅耐饥耐渴，适应能力强，更重要的是可以驮运重物，穿越各种崎岖的地形。

重要节点
15世纪90年代的好望角

1453年5月，奥斯曼帝国的军队占领了东罗马帝国首都君士坦丁堡，其沦陷严重影响了从丝绸之路进入欧洲的贸易。1488年，一位名叫巴托洛梅乌·迪亚斯（Bartolomeu Dias）的葡萄牙船长发现了非洲大陆最南端的好望角。为了寻找绕过非洲进入印度洋的路线，葡萄牙航海家、探险家瓦斯科·达·伽马（Vasco da Gama，约1469—1524）率领探险队从海路抵达印度。在印度，他与当地统治者达成协议获得了贸易权，回到葡萄牙后大受赞誉。同时，威尼斯人对香料贸易的垄断被打破，香料价格下跌，交易量大幅上升，至此，欧亚海上贸易呈现出一片繁荣景象。

马可·波罗抵达中国
1275年

意大利探险家、商人马可·波罗（Marco Polo）跟随从事贸易的父亲和叔叔从陆路进入亚洲。在中国，他见到了当时元朝的统治者忽必烈。虽然马可·波罗不是第一个到达中国的欧洲人，但是他留下了第一份详细的记载其所见所闻的书面资料，不过有些学者对其真实性提出了质疑。

唐朝的海上航行
800年

随着中国船只远航至红海，海路航线变得与陆同样重要。波斯、印度、马来等许多外国船只抵达中国海岸，海路贸易非常兴盛。有史料记载"许多大船自婆罗洲（Borneo）、波斯（Persia）爪哇（Qunglun），……香料、珍珠和玉石堆如山。"

重要节点
公元前 138 年张骞出使西域

汉朝人厌倦了与匈奴打交道，希望找到盟友。于是，汉武帝派遣使者张骞出使西域，试图与那里建立联盟。张骞在途中考察了塔里木盆地周围的南北两条路线，这两条路线后来成为丝绸之路的主要通道。张骞还发现西域有一种中国境内没有的高头大马，如果将这种马带回国内，经过训练组建骑兵队伍，必将会增强中国的军事力量。此外，张骞还注意到在西域这片遥远的地方竟然有中国内陆的物品，并意识到其中一定有可观的利润。

大流士之路
公元前 500 年
波斯帝国皇帝大流士一世将帝国内的各条道路进行了修缮、改建，创建了通畅的皇家道路系统，这样各种信息和商品就能够迅速从地中海传送到中亚。

匈奴入侵
公元前 200 年
匈奴游牧部落经常入侵汉朝领土，抢劫财物，然后将抢劫来的各种物品（包括丝绸）运送到亚洲其他地区获取丰厚的利润。很快，与亚洲其他地区之间的商品贸易就出现了。

移动中的宗教
1 世纪
在印度发展起来的佛教由僧侣沿着丝绸之路传入中国内地，之后中国有了中文版的佛教书籍。第一批翻译成中文的佛教典籍很可能是根据粟特语（Sogdian）译本翻译而来的。

塔拉斯战役（Battle of Talas）
751 年
751 年，阿拔斯哈里发王朝（Abbasid Caliphate）与中国唐朝为争夺中亚的控制权展开了一场战役。哈里发王朝赢得了该地区贸易路线的控制权。据说，中国的造纸术就是随着被俘的唐朝士兵传到亚洲西部的。

粟特帝国（Sogdian Empire）
5—8 世纪
自丝绸之路开辟以来，粟特人就一直在丝绸之路上从事商品贸易。5 世纪，他们开始以撒马尔罕（Samarkand，中亚著名古城，今乌兹别克斯坦第二大城市）集市为中心，建立起一个以贸易为核心的帝国。

古代青铜贸易

青铜重塑了人类社会。青铜原料的稀缺彻底改变了人们在社会中的交往方式

在古代，青铜可以说是一种神奇的金属，简单的陶模就可以将其铸造为各种形状的器具。用它既可以制造出农耕工具，也可以制造出刀、剑等兵器，其锋利程度超过了其他材料制造的兵器。

青铜在古代人们生活中起着非常重要的作用，所以，当某个国家、某个地区发展到可以用青铜制造各种工具、各种用品的阶段时，我们就将那段时间称为那个国家或地区的青铜时代。在中东的大部分地区，青铜时代大约出现在公元前3300—前1200年。在这一时期，中东在许多领域都取得了长足的进步，尤其是在贸易方面。

青铜的由来

青铜与古代世界的其他金属不同。金、银和铜是以纯元素形式存在的，是纯金属，而青铜则是一种合金，是由铜与锡或砷混合制成的。铜闪闪发光，可以打造出锋利的刀、剑，但它是一种相对较软的金属，因此用它制成的刀、剑以及其他工具很快就会变钝、变形，甚至折断。与铜相比，青铜几乎在所有方面都更胜一筹。

青铜的主要原料铜矿石在许多地方都有，但是必不可少的锡或砷就不容易找到了。人们通常认为，青铜是由于天然铜矿石中砷的含量恰好较高而意外形成的。在冶炼过程中，砷与铜熔合，形成了青铜合金。随着时间的推移，冶炼工人学会了如何控制青铜中的砷含量，以达到理想的强度和外观。然而，砷具有毒性，会给冶炼工人带来致命的伤害，因此人们很快就找到了替代品——锡，在铜中加入锡也可以制成青铜。

不过，锡是稀有金属，出产锡矿石的地方并不多。在伊朗一处锡矿场发现的开采工具和冶炼工具表明，公元前2000年锡就被开采提炼出来了。

在古代青铜对于制造武器非常重要，因此只要能找到炼造青铜必需的锡，人们就会出高价购买。

跨过陆地，越过海洋

阿富汗可能是最早被发现的锡矿产地之一。但是中东呢，该地区没有锡矿，也没有证据表明这里有过锡贸易，但却很早就出现了青铜。究竟是什么原因呢？也许当地的河床中含锡金属，锡被提炼出来后用于制作青铜。

关于锡金属贸易的书面记录很早就有。我们发现有文献记载着公元前9世纪锡锭被运送到亚述帝国（Assyrian Empire，公元前935—前612，兴起于美索不达米的国家）首都阿苏尔城（Assur）的过程。当时使用的是驴子商队，在长途运输中，每头驴可以运送约65公斤的锡锭。虽然文献没有写明锡锭是从哪里来的，但却详细记录着驴子商队带着金银向东前行，回来时驮着锡锭满载而归。

幸运的是，在有些地方可以找到古代人们进行锡金属贸易的证据。公元前14世纪，一艘船在土耳其的乌鲁布伦（Uluburun）海岸沉没。从沉船中打捞出的物品包括11吨铜锭和1吨锡锭，这正是制造11吨青铜所需的铜锡比例。

据说这艘从迦南（古代位于约旦河与地中海之间的地区）和埃及运载货物的船只当时正向北驶向迈锡尼希腊（Mycenaean Greece，公元前1600—前1100），执行贸易或外交任务。

跨越大陆

由于锡比重大，船运是迄今为止最简便、最适合的锡金属运输方式。一艘船通常可以运载数吨锡。如果走陆路，则需要数十头驴，载着沉甸甸的锡穿越各种崎岖地形，经过多个国家，途中潜在的危险很多，所以陆路很难行得通。历史上曾发生过禁运事件。公元前1225年，赫梯（Hittie）国王对阿穆鲁（Amurru）国王说："你的商人不能去亚述，你也不能让亚述的商人进入你的领地。"这也许是历史上发生的第一次禁运事件。

在贸易往来过程中，商人之间有时会

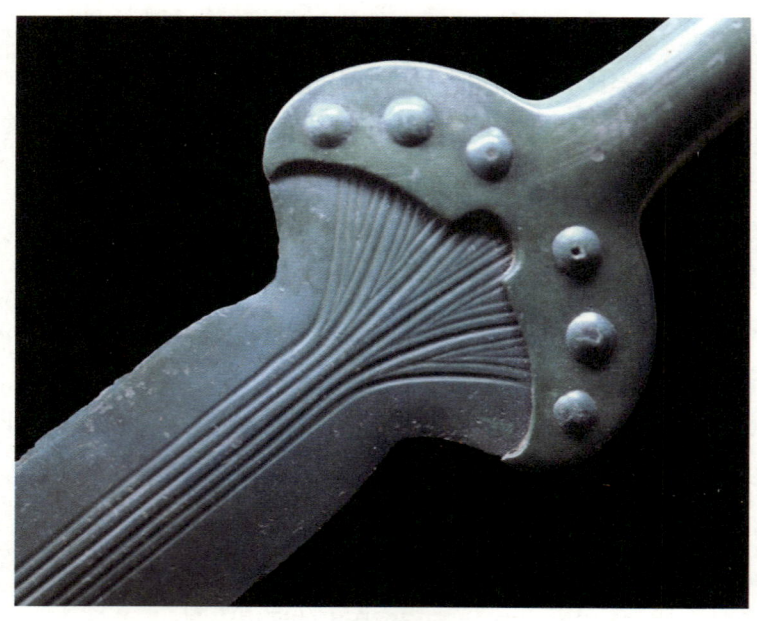

◀ 青铜时代最重要的创新之一是剑的诞生——战争和国际关系从此发生了翻天覆地的变化

产生矛盾。公元前1750年,一位名叫南尼（Nanni）的商人给一位与他打交道的商人写了封信,抱怨道:"你当着我的面说'我会向你的使者吉米尔-辛（Gimil-Sin）提供优质铜锭',可你走了之后并没有按照所说的去做,你把劣质铜锭放在我的使者面前说'想要就拿着,不想要就滚蛋！'"在贸易往来中,将船装满货物驶向目的地很容易,难的是如何解决商人之间的矛盾冲突。

古希腊人认为,锡的最佳产地位于地球北部、他们称之为卡西提德群岛（Cassiterides）的地方。所以,多年来人们一直认为锡是从群岛中锡储量最为丰富的康沃尔（Cornwall,英国西南部,曾是世界上最著名的产锡区之一）开采出来的,并被交易到欧洲以及其他地区。在我们能够测量金属中原子同位素的比率之前（原子同位素在识别锡来源时起到类似指纹的作用）,这种猜测一直存在。

在德国发现过一件被称为"天盘"的精美工艺品,上面刻有月亮和星星,其历史可追溯到公元前1600年左右。经过分析、检测,这个天盘含有黄金和产自康沃尔的锡。在以色列也发现过公元前13世纪产自康沃尔的锡。由此我们可以推测,康沃尔锡很可能是通过一条跨越陆地和海洋的路线到达位于中东的以色列的。

古代的人可能不知道他们的锡是从哪里来的,但他们知道的是,只要是有锡的地方,无论路途多远,他们都会想方设法到达。

金属牛皮

在地中海地区的青铜时代，出现了一种造型独特的金属锭。这种金属锭的形状就像一块块牛皮，所以也被称为"牛皮锭"。在克里特岛、塞浦路斯、意大利、埃及和保加利亚都发现过牛皮锭。牛皮锭造型还出现在不同文化的艺术作品中。

早期学者认为，牛皮锭的形状可能是其价值的象征——一锭牛皮状金属值一头牛。不过随着人们对古代经济的深入了解，这一观点现在已被认为是异想天开。对于牛皮锭的形状的最好解释是，它们便于装载到驮畜上。同样，那些边缘有把手造型的金属锭是为了便于人们搬运。

牛皮状金属锭，即牛皮锭，也在向购买者表明，他们购买的金属具有一定的质量保证。现存的古代铜锭和锡锭其纯度都在 99% 以上，而且，青铜中铜和锡的比例控制得恰到好处，由此可见，古代冶金技术相当高超。

▲ 公元前 14 世纪的乌鲁布伦沉船载有 11 吨牛皮铜锭

▲ 许多香料在漫长的运输途中历尽艰辛，因此它们的价值有时甚至超过了黄金

香料的流动

我们认为无足轻重的、不起眼的香料是穿过陆地、越过海洋，长途跋涉数千英里运送过来的，它们所带来的不仅仅是贸易

今天，香料离我们很近，在家附近的商店就能买到。可在古代，香料与你或许都不在同一个大陆上。在古代，如果香料仅仅是为食物调味，那么它可能不会推动贸易。香料的重要性在于它和药物紧密相联，相辅相成。香料越奇特、越芳香，就意味着它越有药用价值、治疗效果越好，它的价格也就越高。

古代的香料

古埃及纸莎草纸记载了芫荽、茴香、杜松、小茴香、大蒜和百里香等多种可入药的香料。在古埃及，即使有些香料不能用于治病，它们的价值也是很高的。古希腊作家、历史学家希罗多德（Herodotus，约公元前484—前425）在著作中描述了"最纯净的没药、桂皮和除乳香以外的其他各种香料"是如何用于古埃及木乃伊的防腐处理的。

大家都知道，波斯花园（paradeisos）非常有名，它是如此之美，以至英语中"天堂"（paradise）一词就源于此。考古发现，公元前8世纪在位的巴比伦国王马杜克-阿普拉-伊迪纳（King Marduk-apla-iddina）的花园里有一块泥板，上面记录着60多种香料植物，包括百里香、茴香和葫芦巴等诸多药用植物，我们发现其中一些名称有点奇怪，如大便香（shita-spice）、鸟粪香（birddung）等。另一位巴比伦国王亚述巴尼拔（King Ashurbanipal）的花园中也有许多香料植物，如百里香、芝麻、豆蔻、姜黄、藏红花、大蒜、小茴香、八角、芫荽、丝兰、莳萝、没药，等等。但是，并非所有这些香料植物，或者说香料，都是当地出产的，有些香料是外来的，是漂洋过海远道而来的。

在古埃及女法老哈特谢普苏特（Hatshepsut）陵墓的墙壁上，记录着公元前1500年左右她派遣贸易使团前往蓬特国（Land of Punt）的情况。一支由船只和商人组成的船队驶向红海和索马里沿海，一段时间之后，它们满载着黄金、象牙以及活树、没药等各种香料从蓬特返回。

目前还不清楚从蓬特运回的香料是当地产的，还是从其他地方进口到当地的。根据1世纪的希腊文史料，肉桂和桂皮来自非洲之角，也就是蓬特的大致位置。但现在我们知道，这些香料实际上产自东亚。

在埃及红海沿岸的古罗马港口进行的考古发现揭示了香料是如何到达罗马帝国的，以及它们是从哪里到达的。在罗马2世纪的古代遗址中，我们发现一些残垣断壁上有印度名字卡坦（Catan），以及用泰米尔语（Tamil，一种印度语言）写的文字碎片，同时发现的还有古代的胡椒粒。这些都说明存在着一条香料贸易网，它将罗马世界的边缘地区与太平洋沿岸的岛屿紧紧连接在一起。

香料群岛

最早进入欧洲和中东的香料是通过陆路到达的。肩负重任的商人们长途跋涉，将昂贵的商品送到望眼欲穿的买家手中。然而，陆路只是印度胡椒或中国桂皮走向世界的途径之一。

在香料运输过程中，由于路途遥远，各种传说不断出现。希罗多德等古希腊人知道桂皮，这种香料本来产自中国，但他却把产地弄错了，以为来自阿拉伯地区。他是这样描述桂皮的采摘过程的："阿拉伯人外出采摘桂皮时，用牛皮或其他动物皮盖住身体和脸部，只在眼睛部位露出两个孔，这样就保护了自己。他们来到湖边，那里不仅生长着桂皮，还栖息着许多飞鸟，它们很像蝙蝠，叫声非常恐怖，也不怕人。

▲ 无论是陆路还是海路，香料商人的旅途都存在着巨大的风险。一路上，他们的利润甚至他们的生命都在面临着各种挑战

在采摘桂皮时，一定不能把眼睛露出来。"从这段描述中我们可以看到，采摘香料不是件容易的事，会遇到各种困难，但必须勇敢面对。

东南亚各岛屿可能是一些早期航海家的家园。该地区的人口迁移发生在距今约4万年前，深海捕鱼出现在距今约3万年前。长期以来，为获取稀缺资源，岛屿之间的贸易活动一直都非常频繁。当马拉库群岛（Malaku Islands，今印度尼西亚境内）的人们了解到他们所拥有的资源后，很快就对其进行了开发。

马拉库群岛曾经是世界上唯一的肉桂和肉豆蔻产地，这是岛上的土壤和气候条件决定的。马拉库群岛后来因出产大量肉桂和肉豆蔻而被称为"香料群岛"。

在斯里兰卡的一个港口发现了古代香料贸易的证据，在那里发现了古代丁香。这些丁香来自哪里呢？显然它们来自香料群岛。丁香到达斯里兰卡，要么是漂洋过海7000公里从海路过来的，要么是从香料群岛一直向北穿过亚洲一些国家从陆路过来的。

世界范围的贸易

我们从考古发现（如霍克森宝藏，里面有一个女性造型的古罗马胡椒罐）中了解到，古罗马时代不列颠的餐桌上摆满了各种香料，它们是从哪里来的呢？它们是怎么来的呢？由此我们可以想象，当时的世界不仅不是一个封闭的、范围有限的世界，而且是一个商贸活动频繁、贸易网络非常发达的世界。来自香料群岛的肉豆蔻被装上船，航行数千公里到达斯里兰卡，从那里再驶向非洲之角；在红海，它们被交给一支商队，由他们运往尼罗河；被装上船后，它们驶向地中海，最后到达罗马帝国。难怪在后来的几个世纪里，一些肆无忌惮的肉豆蔻卖家用木头弄成肉豆蔻的模样造假，卖给那些毫无戒心的买家，因为在漫长的运输途中，造假能大幅减少损耗。

肉桂鸟

无论肉桂鸟是温顺的小鸟还是凶猛的大型飞禽，据说商人们都曾借助它采集肉桂出售

古希腊作家、历史学家希罗多德在公元前5世纪写过一篇文章，讲述了一位肉桂商人收集肉桂的奇特故事。他在文章中这样写道："肉桂来自何处，什么样的土地能长出肉桂，人们都不太清楚。"接下来他讲述了获取肉桂有多难。他告诉我们，肉桂实际上是由一种鸟采集而来的。这种鸟通常会将肉桂枝插在高高的、人迹罕至的悬崖峭壁的泥土中，然后用它们做成鸟巢，而精明的商人则会把死去的牛、驴或其他驮畜剁成一个个肉块吸引肉桂鸟。肉桂鸟抵抗不住美味的诱惑，就会从空中俯冲下来，叼着肉块飞回到自己的巢穴中。遗憾的是，由于鸟巢不够坚固，无法承受肉块的重量，常常会翻落到地上……商人们就是通过这种方式将原本用于制作鸟巢的肉桂收集起来卖掉。

在后来的传说中，肉桂鸟变成了一种凶猛的大型飞禽。无论肉桂鸟是温顺的小鸟还是凶猛的大型飞禽，肉桂商人都很乐意将这个故事讲给他们的客户听，因为这个故事让人感到肉桂很难获取，而获取肉桂的难度越大，它们的价格就越高。

▲ 肉桂鸟出现在中世纪的寓言故事中

▲ 苏美尔人［两河流域（幼发拉底河和底格里斯河中下游）早期的定居民族］制作的马赛克艺术品"乌尔皇家旗"（The Royal Standard of Ur，今伊拉克巴格达南部乌尔城的皇室墓穴中出土，距今有5500年的历史）是用从很远的地方进口的青金石制作的，展现了商人运送货物的场景

令人神往的青金石

青铜可以用来制作兵器及日常器物；香料具有药用价值，可以治病疗伤，它们的作用是实实在在、显而易见的。但人类也渴望用美丽的物品点缀生活，装饰自己。在古代，青金石是人们最渴望得到的宝石之一

青金石是世界上最令人惊叹的矿物之一，其浓烈的蓝色在自然界中很少见。由于青金石可以雕刻成各种形状，几千年来一直被用来做装饰品。像许多珍贵的资源一样，青金石只在少数人迹罕至的地方存在，但是我们却在距离其产地数千英里的考古遗址中发现了它。

引人注目的青金石

虽然在埃及和中东发现了至少公元前3000年由青金石制成的工艺品，但是这两个地方都不产青金石。距离它们最近的可开采青金石的地方是阿富汗东北部的巴达赫尚山脉（Badakhshan Mountains）。在矿区中发现的考古证据表明，早在7000年前就有人在此开采青金石了。

如今进入矿区的道路仍崎岖难行，只能通过"之"字形的盘山公路到达。由于气候原因，青金石每年只有几个月的开采时间。如果不是为了经济利益，人们不太可能如此费力地开采这种漂亮但不实用的石头。

虽然我们所掌握的最早记录并没有给出青金石的确切产地，但是从大约公元前500年大流士大帝宫殿的刻文中可了解一二。刻文记录了大流士大帝宫殿的豪华以及建造宫殿所使用的材料："这里有珍贵的青金石和红玛瑙，它们是从粟特运来的。"当时的粟特包括巴达赫尚（Badakhshan，位于今阿富汗东北部）。

青金石开采出来后，根据其品质派作不同的用途。纯净的蓝色青金石会被加工成精致的高档宝石，而带有白色斑点和其他颜色的青金石则会被加工成较大的物品。青金石质地柔软，可以用铜或青铜工具加工成各种形状，也可以用磨具打磨出耀眼的光泽。在考古文献中，最常见的是用青金石制成的石珠，偶尔也有用单块青金石制作的杯子和碗。研究人员对这些物品进行化学分析后发现，它们当中的大部分物品的青金石原料都来自古代的阿富汗矿区。

宝石贸易

在阿富汗，很少有证据表明那里存在加工细致的青金石物品。最有可能的情况是：青金石一旦被开采出来，就运出国，销往其他地区。印度河流域文明显示，那

▲ 古埃及法老图坦卡蒙（Tutankhamun，公元前1341—前1323）的黄金丧葬面具上镶嵌着数百条晶莹光润的青金石片

里的人确实使用过青金石，因为在那里发现了公元前7000年的青金石石珠。但是与西方相比，印度河流域的人们使用青金石的情况要少得多。鉴于埃及和美索不达米亚地区出土了大量青金石文物，可以肯定，印度河流域的青金石大部分是从阿富汗向南、向西运送过去的。

在大约公元前600年之前的一千年里，美索不达米亚人和古埃及人都无法完全掌控青金石。为了获得青金石，他们不得不与多个中间商打交道，这些中间商各自管控整个青金石运送路线的一段。这就抬高了青金石的价格，因为每个商人都必须从中获利。由此可见，当时的青金石贸易确实没有捷径可走。

我们也许不知道青金石离开阿富汗后的确切运送路线，但是通过对其研究，可以进一步了解古代的商贸路线。在公元前21世纪苏美尔著名叙事长诗《恩美尔卡尔王与阿拉塔王》（Enmerkar and the Lord of Aratta）中，很多地方都提到了青金石。由此可以推测，青金石贸易很早就有，但后来可能中断过一段时间。在这篇史诗中，恩美尔卡王似乎已经停止了与阿拉塔的贸易往来，然后他又重新开放贸易，并命令阿拉塔人向他提供奢侈品。"让他们把纯净无瑕的青金石从石块上切割下来，让他们……半透明的青金石。"耐人寻味的是，这个故事可能确实与历史上青金石贸易的中断有关。在古埃及，第一王朝之前和第三王朝之后都曾发现过青金石，但这中间大约200年的时间里，却没有发现过青金石。这可能是由于青金石开采区或者青金石到达古埃及的必经之路出现问题造成的。

虽然在古代大部分青金石都是通过陆路运输到达最终目的地的，但是也有一些证据表明，通过海路运输青金石的情况同样存在。在沙特阿拉伯海岸附近的塔鲁特岛（Tarut Island）上进行的一次考古发掘中，发现了大块大块的青金石原石，显然它们是被运送到那里的。在那里，青金石可能被加工成贵重的饰品、器物之后再运往其他地区；也可能那里只是古代大型贸易网络的一个中转站，青金石在此短暂停留后直接运往下一站。

青金石的使用

青金石不仅价值不菲，只有富人才用得起，而且它还含有一定的寓意。在古埃及和美索不达米亚文明中，青金石都具有神性。据称苏美尔神话中伊南娜女神（Inana）的脖子上戴着青金石珠。当她被困在冥界时，有人警告她可能会有厄运降临，所以一定"要保证佩戴的青金石珠串不被石斧劈开，它可以保佑你"。另外，国王、王后及其他重要人物下葬时通常都有青金石物品陪葬。古埃及法老图坦卡蒙著名的黄金面具上就镶嵌着闪烁着幽幽深蓝色光芒的青金石。普通人的随葬品中也有青金石，通常是一些小物件，如青金石戒指、项链或者青金石珠。总而言之，如果想要逝者得到安宁，就不能没有青金石。

灌木丛中的羊

这对精美的美索不达米亚雕像镶嵌着来自2000多公里外的产自阿富汗的青金石

"灌木丛中的羊"（The Ram in the Thicket）是一对来自美索不达米亚的羊雕像，可追溯到公元前2500年左右，主体由金、铜和木材制成，上面装饰着雕刻精细的青金石和贝壳。这对雕像比其他任何物品都更能展示当时的艺术成就和发达的贸易网络。它们是在20世纪20年代发现的，发现时已经被覆盖的泥土压扁，建造时用的木芯早已腐烂，雕像表面的金箔也脱落不少。经过工匠精心细致的修复，它们才得以恢复原貌。这对雕像的用途尚不清楚，但可能是作支架用的，用来放盆。

这对雕像不仅制作精美，而且也非常重要，因为从中我们可以了解到美索不达米亚人是如何看待青金石的。宗教故事中经常提到青金石，所以它可能与宗教有关。青金石有"世界上最贵的石头"之称，所以高品质青金石也是一种昂贵的奢侈品。20世纪二三十年代，乌尔古城遗址苏美尔人墓葬中出土了一件乐器——"王后的竖琴"，上面有一个精致的牛头装饰，牛的胡须是用青金石制作的。

▲ "灌木丛中的羊"，准确地说应该是"灌木丛中的山羊"，这只是美索不达米亚地区发现的成千上万件装饰有青金石的艺术品之一

◀ 在中国商朝，人们认为商王可以通过甲骨文与神灵对话

古代中国

中国历史悠久，朝代众多。各朝代之间的更迭反映了统治阶级内部的激烈冲突，也反映了中国的历史发展和社会变迁，在这一过程中，中国形成了丰富多彩的历史文化

凯瑟琳·寇松

如今，中国已经成为世界上的大国，但是它的强大经历了漫长的过程，其间不乏王朝冲突和权力斗争。

中国的奴隶制始于夏朝（公元前2070—前1600）。多年来，历史学家对夏朝是否只存在于神话中众说纷纭，但是在1959年，河南二里头的考古发掘发现了中国古代早期文明的证据，证明夏朝在中国历史上确实存在。

夏朝的最后一位统治者是夏桀。他是一位凶狠残暴、荒淫无度的国王。他横征暴敛，奢靡腐化，甚至为建造自己的宫殿耗时十年之久，致使成千上万的奴隶因此而丧生。夏桀统治时期，民不聊生，百姓怨声载道，苦不堪言。夏桀的昏庸激发了民众的愤怒情绪。商族部落首领商汤一直在等待时机，时刻准备推翻夏桀的统治。终于，商军和夏军在战场上相遇了。商军英勇顽强，打得夏军溃不成军、狼狈逃窜。最终政权落入商汤手中，商朝建立了。商汤目睹过民众奋起反抗夏桀的场面，决心成为一位开明的统治者。他采取一切措施减轻征敛，鼓励生产，安抚民心。商朝的统治一直持续到公元前1046年。商王朝是中国青铜器和丝绸的重要发展时期。

中国统治者对丝绸的生产工艺严加保密，因此这种柔软华丽的织物非常稀少，非常珍贵，许多达官贵人都想拥有。丝绸

> 禹
>
> 克勤于邦　烝民乃粒
> 鹰鼙在躬　厥中允执
> 恶酒好言　九功由立
> 不伐不矜　振古莫及

▲ 大禹是夏朝第一位统治者

崇拜已故的祖先，崇拜各种神，而商王（即"商太祖"）被视为各神的统领以及神与人之间的纽带，能够与神沟通，是神在人间的代表。

在商朝统治的六百年间，都城迁徙不下六次，最终定都于殷，因此商朝也被称为殷商。最后一次迁都开创了商朝的黄金时代。商朝的农业发展很快，不仅农作物种类增加了，较之原始社会时期的刀耕火种，耕作技术也有了显著提升，在农作物种植方式方面取得了重大进步。商朝有着完整的书面语言，已经发现了许多商朝甲骨文，商朝人用甲骨文与上天交流。另外，有证据表明商朝的天文学家进行过天体观测，甚至观测到了火星。

除了以上种种，最重要的是，在商朝"丝绸之路"开始出现。中国的商品通过这条路被运送到遥远的异国他乡，中国与其他地区通过丝绸之路连接起来。随着商王朝财富的不断增加和权力的日益集中，野心勃勃的各方势力开始崛起。当时在中国有几个势力强大的部族，其中周族控制着渭河流域的领土。几十年来，他们与商王朝共存。在商王朝统治者眼中，周族不过是"野蛮人"。后来，为了抑制周族首领周文王不断高涨的人气，商王将其囚禁起来。至此，商朝的末日也就开始了。

周文王死后，他的儿子周武王成为周族首领，他坚信自己是被神选中来统治中国的。商朝末代君主帝辛（即商纣王）骄奢淫逸，穷兵黩武，重刑厚敛，拒谏饰非，是中国历史上有名的昏君、暴君。他和宠

很快成为中国及其周边国家权贵阶层财富和地位的象征，中国在亚洲舞台上的声望也与日俱增。

夏朝灭亡，商朝建立。对于来之不易的政权，商朝统治者想方设法加以巩固。在商朝统治时期，祖先崇拜盛行。中国人

妃妲己以酷刑和虐待为乐，他置饥寒交迫、生不如死的民众于不顾，整日沉浸在荒淫放荡的生活中。民众的怨恨情绪达到了顶点，他们向周武王求助，希望周武王能帮助他们推翻商朝。周武王向商朝发动进攻时，商朝的军队倒戈，对抗自己的国王。残酷的牧野之战以周武王的决定性胜利告终。商王帝辛逃回宫殿，用无价的珠宝把自己包裹起来，然后自焚而死。妲己也被周武王杀了。至此，盛极一时的商朝走向灭亡，新的朝代周朝开始建立。新君做的第一件事就是开仓放粮，饥饿的民众终于能吃顿饱饭了。周朝从公元前1046年到公元前256年，是中国历史上国祚最长的王朝，也是中国历史上的最重要朝代之一，对中国历史的发展产生着深远的影响。

商朝人十分迷信鬼神，商王自称是由神选定的，是神的儿子。周朝人又向前迈进了一步，提出了"天命"。"天命"规定，统治者，即天子，是由天神选定的；如果他被推翻，那是因为天神发现了他的不足，并会亲自选定继任者替代他。

> 这一时期中国历史上发生的各种事件都记录在中国古代文学五经之一《春秋》中。

▲ 在百家争鸣、人才辈出、学术风气活跃的春秋时期，孔子等人声名鹊起

◀战国时期,各诸侯国为争夺统治权频繁发动战争,争斗不断

周朝将都城从殷迁至镐京,并由此向长江流域扩张。周朝时期,中国的铁器时代开始了,丝绸之路也在蓬勃发展,但此时它还未延伸到西方。在这一时期,除了丝绸之外,还有其他各种物品,以及人们的思想和观点也通过这条路传播着。孔子和孙子,这两位中国古代著名的思想家就出现在这个时代。

周朝日益增长的财富使其成为其他国家扩张的目标。周朝疆域太小,无法组建自己的军队,因此当外族威胁到他们时,周王就将都城迁往内陆,并从周边地区集结队伍,以对抗外来侵略。这种对他人的依赖使得周朝统治的弱点显露无遗。一些部族首领能够为周朝提供军队,在其处于困境时给予支持和帮助,但他们的胃口变得越来越大,索要的价格也越来越高,最终导致周朝内部权力的失衡。随着一些诸侯的发展,他们的势力日渐强大,已经完全有能力挑战周王朝。

随着周王朝政权的分裂,中国进入了所谓的春秋时期(公元前770—前476)。大诸侯国之间相互征战,不断吞并弱小诸侯国,扩大自己的势力和影响力,中国陷入了内战之中。不仅如此,这一时期的周朝还面临着外来入侵者的威胁,真是内忧外患。然而,虽然各部族争斗不断,但是贸易并未受到影响。商人,以及那些满怀梦想和抱负的人沿着丝绸之路寻找财富,他们从一个诸侯国到另一个诸侯国。这一时期,中国的思想文化面貌开始发生变化。由于各民族往来频繁,他们的思想、观点发生碰撞,各种不同的思想学说涌现出来,出现了百家争鸣的现象。

而丝绸呢?丝绸作为珍贵的物品、财富的象征,对外,它成了向其他统治者进献的贡品；对内，它可以用来缴纳税款，这在当时的商人阶层中是非常受欢迎的。之后，中国进入了战国时期（公元前476—前221）。在这一时期，七大诸侯国（秦、魏、韩、赵、楚、燕、齐）争斗异常激烈，他们都试图统一国家并获得完全的控制权。虽然周朝名义上仍然掌权，但到公元前256年，秦国军队杀死了周朝最后一位君主南王，周朝的影响力几乎荡然无存。经过几个世纪的战争，公元前221年，秦朝建立，中国统一。当然，中国的历史到此并未结束。

神话中的英雄

尽管夏朝现在被公认为古代中国的第一个王朝，但人们曾一度认为它只存在于神话中

中国古代神话中有许多英雄人物，他们有时是人，有时是神，有时是两者的结合。在这些神话中，有巢氏和燧人氏是代表人物。前者教人们如何搭建住所，使早期的人类不再居住在阴冷的山洞里；后者教人们钻木取火，吃熟食，结束了远古人类茹毛饮血的历史。有巢氏和燧人氏出现在中国古代神话"三皇五帝"的故事中。传说他们生活在公元前3世纪。三皇负责向人民传授生活方面的知识及基本技能，而传说中五帝（黄帝、颛顼、帝喾、尧帝和舜帝）在担任首领期间，都曾做出过开创性的伟大事业，在技术、文化、政治和社会制度方面留下了深刻的印记，对中国古代文明的发展产生了重要的影响。在此期间，不仅农业和医学蓬勃发展，中国人还发现了丝绸生产的秘密。

三皇五帝虽然可能只是传说中的人物，但在中国古代历史中具有重要的地位和象征意义。他们的故事不仅代表中国人民对自然界和神的崇拜，还蕴含了众多的哲学思想和道德规范。他们的传说深深地影响了中国古代文化和历史，成为中国文化的重要组成部分。

匈奴的兴衰

当各游牧民族部落联合起来时，人多力量大的优势就显现出来了

大卫·克鲁克

游牧部落一生中的大部分时间都在寻找水源和牧场。牧民们牵着马，赶着牛和羊，从一个地方到另一个地方，同时学习骑马、狩猎以及制造日常生活用品。

除此之外，他们还要成为威猛勇敢的战士。他们从小就学习搭弓射箭，箭术水平很高，极具杀伤力；他们还善于使用长矛和刀剑，这使得他们在与中国北方边疆邻国的战斗中发挥出巨大作用。游牧部落在狩猎、寻找食物的过程中，经常会遇到其他外来族群的袭击，长矛和刀剑在短兵相接中占尽了优势。到了公元前3世纪，分散在北方各地的部落逐渐形成了一个占统治地位的部落联盟。

公元前209年，蒙古草原游牧民族的最高部落首领头曼的儿子冒顿统一了各个部落。在这一过程中，冒顿沉着冷静，果敢机智，同时又冷酷无情，为了权力将生父杀死。

冒顿原本是部落继承人，可后来其父头曼打算将他废掉，另立继承人。头曼表面上让冒顿出使邻近的月氏部落，实际上是送他去当人质。冒顿刚到月氏，头曼就派兵攻打月氏部落，目的是激怒月氏杀死冒顿，可冒顿却偷了一匹马，骑着它逃了回来。见自己儿子命如此之大，头曼也许动了恻隐之心，也许觉得冒顿是可造之才，就放弃了杀子的念头，还赐给他一万名骑兵。

事实证明，头曼的这一做法是错误的，因为冒顿并没有觉得父亲已经放过自己了。冒顿精心训练部下骑马射箭的本领。在冒顿的训练下，士兵们非常忠诚。冒顿命令

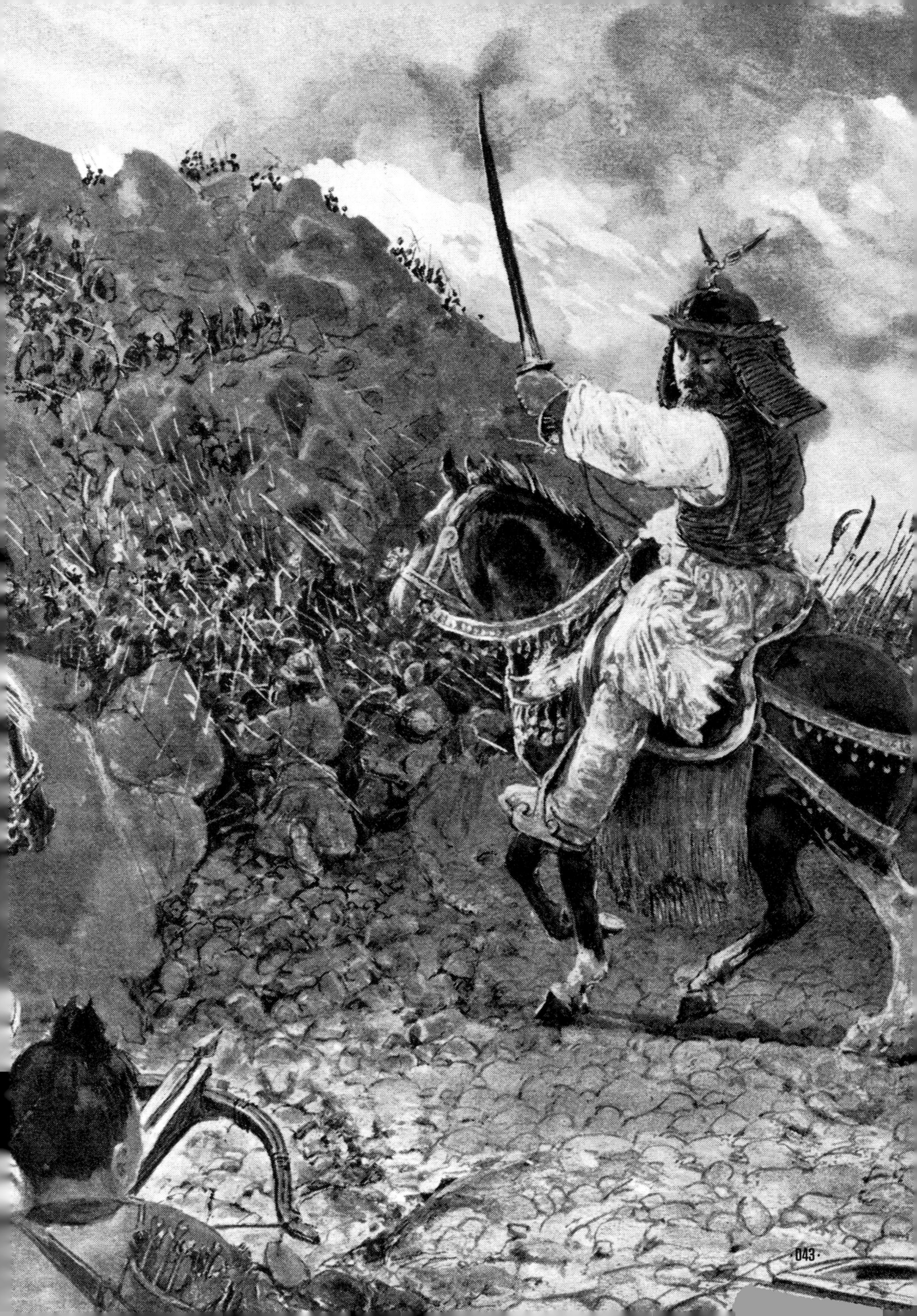

他们射杀了自己最喜欢的马和最喜欢的妻子，最后又命令他们将箭射向自己的父亲。杀父后，冒顿自立为单于。那些不支持他的人后来也全部被杀。公元前215年，当秦朝想将匈奴人从黄河边的牧场上赶走时，匈奴联盟已经非常强大了。一个帝国开始形成。

冒顿统治下的匈奴社会不仅秩序井然，还建立起不同寻常且令人钦佩的古代文明，那就是女性不仅享有与男性同等的待遇，而且可以与男性并肩作战。匈奴也面临着周边国家的各种威胁，他们必须拥有强大的军队。他们做到了——当时他们可以集结30万骑兵，这对保卫领土起到了至关重要的作用。

此外，匈奴还是一个结构严谨、等级分明的民族。冒顿设置了三个等级，将游牧民族的最高统治者（单于）置于最顶端，将总督、大臣和地方部落首领置于他们之下。不过，单于虽然位高权重，但并没有什么排场和仪式。根据中国汉朝史学家司马迁的说法，在匈奴社会，年轻非常重要，而经验并不重要。他说，年轻人会吃最丰盛、最好的食物，因为他们年轻力壮受人欢迎；而年长的人则会吃剩下的食物，因为他们年老体弱被人轻视。司马迁在史书中记录了匈奴人的日常生活，讲述他们如

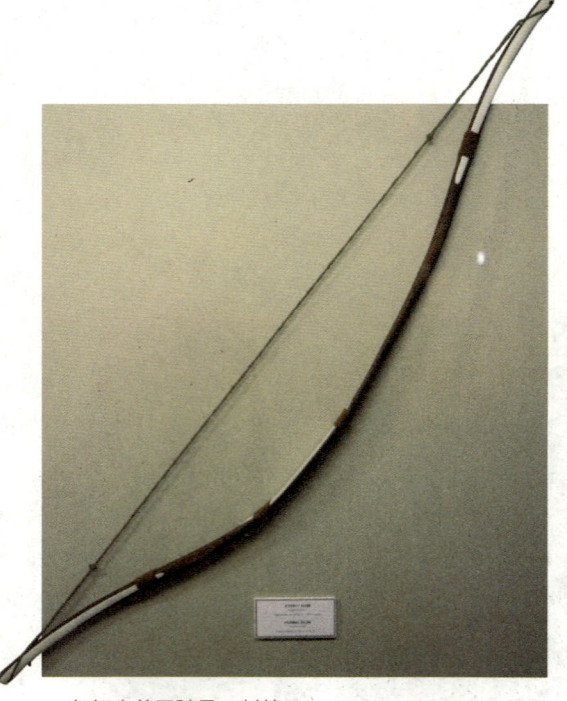

▲ 匈奴人善于骑马、射箭

◀ 我们对匈奴的了解大多来自中国古代历史学家司马迁撰写的史书。司马迁生于约公元前135年

匈奴女兵

在公元前 1 世纪的古代遗址上发现了珠宝

由于汉朝的补贴,匈奴人的生活舒服惬意。他们几乎每年都能得到来自汉朝的丝绸、酒、粮食和其他物品,甚至死后也在享受这些物品,许多匈奴人的墓穴不仅出土了动物祭品,还出土了陶器、铜器、铁器、金器、石器和骨器,以及一些非常漂亮的珠宝。

2017 年,匈奴女兵的骸骨在西伯利亚被发现,此时距她们死亡已经有约 2200 年。一同发现的还有她们身上的腰带,上面镶嵌着玉石、珊瑚、绿松石和玛瑙,骸骨肩上有一些修饰用青铜片及马形雕刻(马是一种极具象征意义的动物),另外现场还有被箭射穿的山羊的形象。

据探险队队长、俄罗斯圣彼得堡物质文化历史研究所的玛丽娜·基鲁诺夫斯卡娅(Marina Kilunovskaya)博士介绍,匈奴女兵的腰带也有用青铜制成的,上面雕有公牛、骆驼、马和蛇的形象。她说,这些饰品通常在特殊场合佩戴,例如婚礼或葬礼。

▲ 为了保护自己不受北方匈奴人的侵扰，秦朝修建了城墙，并且不断扩建，最终成为我们今天看到的万里长城

何吃肉，如何制作、穿戴动物毛皮制成的衣服。

在大部分时间里，匈奴社会是和平的，或者说，匈奴人在努力寻求和平。在冒顿统治的早期（一直持续到公元前174年），匈奴战事频繁。他们击败了月氏人，占领了北至贝加尔湖、东至辽河、南至鄂尔多斯高原的土地。在这一时期，匈奴人继续以放牧为生，他们偶尔也种植谷物、大麦和小麦，因为他们拥有了更多的农田，并开始定居下来。匈奴人还是出色的工匠，他们会炼铁炼铜，会制作陶瓷、珠宝、各种工具和家用器皿。当然了，他们更会制造兵器。

在现实生活中，对于匈奴人来讲，祭祀活动和宗教仪式非常重要。在某些特殊的仪式上，匈奴人会饮白马的血，因为它们备受尊崇——它们可以作战、运输物品，还象征着顽强的生命力。匈奴人还崇拜太阳和月亮，敬畏天地和祖先。

▲ 这尊名为"马踏匈奴"的雕像，展现了中国西汉王朝的威武

匈奴，很早就开始侵扰中原。他们的野蛮活动引起了中国人的疑虑和担忧，促使他们修建城墙。公元前3世纪末，中国第一位皇帝秦始皇将一段一段小城墙连接在一起，以抵御这些北方少数民族的侵扰行为，后来这些城墙被扩建成为长城。

更为可憎的是，匈奴人为阻止汉朝与西域各国的联系，在丝绸之路这条贸易路线的开辟过程中横加破坏，甚至屡次出兵截杀汉使团队。汉朝统治者忍无可忍，终于爆发了汉匈战争，战争一直持续到公元前36年，最终汉朝胜利，匈奴投降。44—46年，饥荒、瘟疫和叛乱对匈奴造成了重大影响。最终，匈奴分裂为北匈奴和南匈奴。从此，匈奴大势已去，开始衰退。155年，鲜卑人击溃了北方的匈奴，南方的匈奴则臣服于汉朝。至此，威猛凶悍的匈奴部落彻底落下帷幕。但毫无疑问，匈奴作为一个曾经强盛的部落帝国，在历史上留下了自己浓墨重彩的一笔。

▲ 这是由绿泥石和石灰石雕刻而成的"巴克特里亚公主像"（Bactrian Princess），可能代表巴克特里亚人崇拜的一位神秘女神

苏联沙漠的秘密

20世纪70年代，一位苏联考古学家在中亚沙漠中发现了青铜时代的印迹

阿普里尔·马登

历史不知道什么时候会给你个惊喜。俄裔希腊考古学家维克多·伊万诺维奇·萨里安尼迪（Viktor Ivanovich Sarianidi）揭示了一个令人震惊的现象：中亚地区鲜为人知的青铜时代文化与印度河流域文明、伊朗高原和波斯湾的文化以及欧亚大草原的文化都有联系。

中亚的十字路口位于卡拉库姆沙漠（Karakum Desert）的某处沙土之中。卡拉库姆沙漠是一个不断变化、不断扩大的沙漠，在南极洲和格陵兰岛等遥远的地方都曾发现过由这里随风飘来的细微沙尘。丝绸之路也曾从这片沙漠蜿蜒穿过，再经过"完美之地"的绿洲城市梅尔夫（Merv，今土库曼斯坦玛丽市）和熠熠闪光的河流城市阿穆尔（Āmul，今土库曼纳巴特市）向西延伸。沿着沙漠东北边缘流淌的阿姆河（Amu Darya）就与阿穆尔这座古城的名称有关，不过在古典著作中阿姆河常常被称为奥克苏斯河（Oxus）。这条河流以外的地区，罗马人称其为Transoxania，阿拉伯人称其为Mā Warā an-Nahr，波斯人称其为Farârud；而对于古代伊朗人来说，河外的地区是图兰（Turan），一个在波斯史诗《沙阿纳美》（Shanameh，波斯文学中最著名的作品之一，描述了波斯帝国的历史和传说）中被提及的武士王国（warrior-realm）。

萨里安尼迪的研究表明，卡拉库姆地区青铜时代的人绝非传说中野蛮、落后的

▲ 这尊在 BMAC 发现的神秘雕像通常被称为"怪异男子像"(monstrous male figure)。他右手握着一个喇叭状物品,整体风格与吉罗夫特(Jiroft)文化非常相似。吉罗夫特文化可能与古代伊朗有关

游牧民族,而是有固定居所的都市人。他们彬彬有礼,掌握一定的生产生活技能,有自己的文化,与外部交往密切。在该地区发现的文物表明,这里的人与伊朗、印度和欧亚大草原上类似文明社会的人(包括埃兰和哈拉帕)存在着商贸往来。古城遗迹除了有城墙、城堡,还有宫殿、庙宇及其他大型建筑。在这里发现了宗教偶像、珠宝、各种工具、精致的金属制品、带车轮的陶器,甚至还有一枚印有类似中

国文字的小石印，这似乎暗示着书面文字在当时已经出现了。经过考古学家耐心细致的挖掘、研究，封尘已久的卡拉库姆露出了真容。萨里安尼迪将这片沙尘掩盖下的遗址称为"巴克特里亚-马尔吉阿纳考古群"（Bactria-Margiana Archaeological Complex，即BMAC）。

BMAC虽然处在沙漠地区，但有河谷，有绿洲，这使它后来成为丝绸之路的理想通道。丝绸之路是连接亚洲、非洲、黎凡特（Levant，地中海东部地区）和欧洲的庞大贸易路线，早在旧石器时代晚期和青铜时代早期，巴克特里亚人就靠着古代丝绸之路上的过路客生意获取财富。萨里安尼迪推测，在青铜时代，这条后来成为丝绸之路的路线是青金石贸易的大动脉。这种珍贵的蓝色石头在中亚储量丰富——自公元前7000年起就在阿富汗开采，并且深受青铜时代美索不达米亚人、古埃及人以及印度河流域人和高加索人的欢迎。

巴克特里亚人居住在青金石贸易路线的沿线，并控制着其中的重要部分。他们从途经其领土的过路者那里学到了新知识、新技术。以水利灌溉为例，技术沿着青金石之路传播到这里，并在沙漠地区得到广泛应用。许多古典作家和中世纪作家都用郁郁葱葱的绿色和肥沃的土壤来描述这一地区。在将近三千年后，10世纪的伊朗作家伊斯塔赫里（Istakhri）仍能如此描写撒马尔罕："这里有青翠的树木和香甜的水果……家家户户都有花园和蓄水池，清澈的流水滋润着这里的一切。"

最初，青铜时代的巴克特里亚人只种植小麦、大麦和各种果树；后来，他们驯养了牛、羊和猪。很快他们又驯养了其他动物，如骆驼（用于拉车）和马，这要归功于巴克特里亚人与草原上的辛塔什塔人和安德罗诺瓦人的商贸往来。巴克特里亚人还驯养了狗。这之后很久，出生于小亚细亚的古希腊哲学家斯特拉波（Strabo）声称，巴克特里亚人饲养了一种被称为"殡葬者"的狗，这种狗是用来猎杀和吃掉被巴克特里亚社会抛弃的老弱病残的。斯特拉波在他的《地理志》（Geographica）中称，有人告诉他，巴克特里亚人的城镇从外面看起来干净整齐，但在城墙内，在泥砖房之间的街道上到处都是狗啃过的受害者的骨头。他还说，这种残忍的做法后来被亚历山大大帝制止了，但是关于这座

▲ 双峰驼青铜像。这种当地特有的骆驼既可用于骑乘，也可用于拉古老的轮式车辆

丝绸之路上的戈努尔特佩古城

在土库曼斯坦的戈努尔特佩（Gonur Tepe）古城遗址，城镇轮廓依然清晰可见，它就像一颗明珠镶嵌在养育着众多人口的灌溉田中。考古学家萨里安尼迪将这座古城遗址称为马尔古什（Margush），并推断它就是奥克苏斯文明（Oxus Civilization）。这是一个存在于公元前 2500 年左右的古老文明，主要分布在现今的哈萨克斯坦、塔吉克斯坦、乌兹别克斯坦、土库曼斯坦和伊朗等地。从遗址可以看到，这座古城有着坚固的城墙和被称为 qila 的城堡（qila 在波斯语中是"堡垒"的意思，这种建筑在古代伊朗、土耳其、阿塞拜疆、阿富汗、土库曼斯坦、印度、巴基斯坦和以色列部分地区很常见），它可能就是波斯史诗《沙阿纳美》中提到的武士王国。

▲ 这是土库曼斯坦戈努尔特佩青铜时代遗址。俄裔希腊考古学家萨里安尼迪认为，这个大型的堡垒遗址是奥克苏斯文明的都城

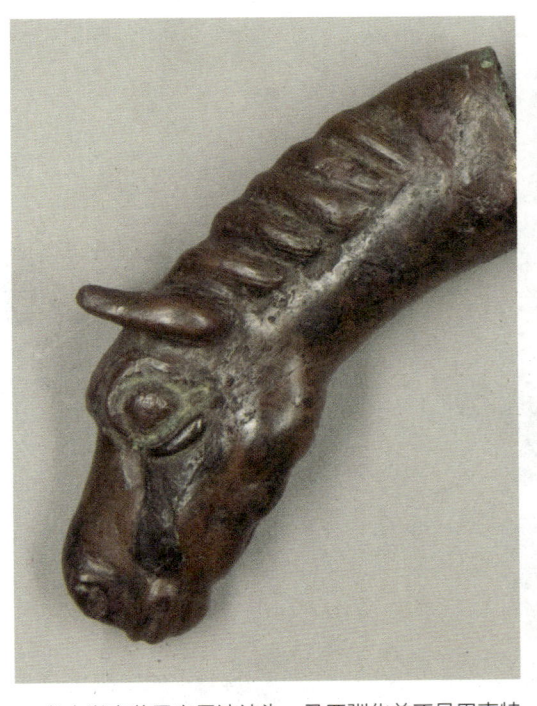

▲ 考古学家萨里安尼迪认为，马匹驯化并不是巴克特里亚文化的重要组成部分，但是这个马头形状的青铜斧头表明巴克特里亚人对驯化马有明确的认识

▲ 这尊头像雕塑是被称为"莫巴德"（mobad）的琐罗亚斯德教神职人员，他可以主持宗教仪式。他的头饰具有鲜明的巴克特里亚风格

古城的离奇传说至今没有找到任何证据。

现在，考古发现了被称为"巴克特里亚公主"的人物雕像。这很可能是后来的历史学家根据亚历山大的妻子罗克萨娜（Roxana）为雕像起的名字，因为罗克萨娜应该是世界上最著名的巴克特里亚公主了。不过，这些青铜时代的巴克特里亚女性雕像都是用石头和黏土制成的，大小与儿童玩偶差不多。她们身穿漂亮的长袍，头饰与头发融为一体，被认为是古代异教女神的代表，最有可能代表的是古代印度-伊朗的火女神。印度教中的南方太阳女神塔帕提（Tabiti）、斯基泰人的炉火女神塔比提（Tabiti，希腊历史学家希罗多德将其与希腊的炉火女神赫斯提亚等同）以及阿维斯塔语中的塔帕提（tapaiti，燃烧）在拼写上有相似之处。由此可以看出，地理上相距遥远的不同民族虽然所信奉的神不同，但他们信仰的内容可能有相似之处。

无论巴克特里亚人信奉什么神，这个富裕、四通八达的青铜时代社会一定认为他们有许多值得骄傲的地方：他们的城市整洁安全，他们的农场物产丰饶，他们的粮仓存满了谷物和美酒，他们的生活因为有了节省劳力的工具而轻松，他们的国家因为过境贸易而富足。我们期待对巴克特里亚人丰富的生活和多彩的文化有更多、更深入的了解。

· 054 ·

◀ 公元前1世纪至1世纪的中国汉代陶俑，这个骑马弓箭手的形象与匈奴游牧民族的骑马弓箭手基本相同

大宛天马

中国西汉探险家张骞出使中亚，增加了汉朝对中亚的了解，但也引发了汉朝与遥远的中亚古国大宛争夺"天马"的战争

马克·德桑蒂斯

公元前221年，秦始皇统一中国，成为中国历史上第一位使用"皇帝"称号的君主，他建立了短暂但影响深远的秦朝。

公元前207年，秦朝灭亡，中国陷入动荡之中。直到刘邦登上皇位，这一切才结束。刘邦以高祖为帝号，开创了继往开来的汉朝，成为中国新的"天子"。

汉朝时期，中国经历了经济增长和文化繁荣的黄金时代。在这一时期，中国的政治控制一直向西延伸至中亚，其军队将塔里木盆地的绿洲国家——丝绸之路东端的重要贸易国——置于中国的宗主权之下。

在公元前2世纪的汉朝初期，对中国安全构成最严重威胁的是北方凶猛彪悍的匈奴。匈奴是一个游牧部落联盟，长期游荡在中国漫长而又难以防守的北部边境线以外的蒙古草原上。匈奴人个个是骑射高手，他们骑着草原矮马冲锋陷阵，用小巧而又坚实有力的弓箭射杀远处的敌人。中

国与匈奴的关系并不完全是敌对的，因为他们有着密切的贸易关系，商品交易范围很广。马匹是汉朝人最渴望得到的贸易物品之一，他们的马似乎永远不够用，而匈奴人恰好拥有大量的马匹。

由于匈奴人经常袭扰汉朝领土，并且他们又勇猛善战，武力强大，所以汉朝不得不时刻提防北方草原上可能爆发的战争。与此同时，匈奴也时刻观察着汉朝的动向，一旦发现有机可乘，就立即发起攻击，绝不手软。汉武帝刘彻登基后，一心想遏制并反击北方游牧民族的行为，希望找到盟友一起对抗匈奴。于是，他决定向遥远的西方，也就是今天的中亚派遣外交使团。

汉武帝的宫廷史官司马迁在《史记》中记载，公元前139年，汉武帝派使者张骞出使西域，寻找游牧民族月氏人[印度人称之为贵霜人（Kushan），希腊人称之为吐火罗人（Tocharian）]的踪迹。月氏人与匈奴人有不共戴天之仇。有一位在交战中被俘的匈奴士兵曾告诉汉人，月氏王已经被他们杀死，而且他们还残忍地将其头颅掏空用来盛酒。所以汉武帝认为，月氏人肯定会寻机报复匈奴人，他想与月氏人联盟共同对抗匈奴。

张骞带着甘夫和大约100人的队伍，从中国陇西开始了他的旅程。他们穿过塔克拉玛干沙漠，翻越帕米尔山脉，最终到达中亚的雅克萨特斯河（Jaxartes，又称锡尔河）和阿姆河流域。然而，张骞一行还未到达目的地，就被匈奴人扣留并软禁起来，他们被困在匈奴长达十年之久。

终于，张骞带着甘夫和一些部下逃了出来，并继续去完成他的使命。经过大约一个月的长途跋涉，他们来到了位于今费尔干纳盆地的大宛国。正如司马迁在《史记》中所记载的那样，张骞发现他所经过地区的人"皆深目，多须髯"，即都有着深邃的眼睛和浓密的胡须。

在大宛国，张骞发现大宛国王有意与汉朝建立贸易关系。接下来，他又前往康居国，然后又去了位于奥克苏斯河以北的月氏人居住区。张骞到达那里后发现，月氏国王是位因父亲被匈奴人杀害而刚继位不久的新国王，但是他对向帕米尔高原另一侧的匈奴人复仇以及与汉朝结盟都没有兴趣。

张骞一行在月氏国停留了一年多，但始终未能说服月氏人与汉朝联盟，共同对抗匈奴。无奈之下，他只好带着队伍返回中原。令他没想到的是，厄运在等待着他。在回国途中，张骞等人再次被匈奴所俘，并又被扣留了一年多。之后，张骞才找机会带着甘夫逃了出来，回到了长安（今西安）。

回来之后，张骞向汉武帝讲述了西域的情况。那里的人和中原人一样过着定居生活。他们种植小麦、水稻和葡萄，还会将葡萄酿制成葡萄酒。汉武帝最感兴趣的

> 张骞一行还未到达目的地，就被匈奴人扣留并软禁起来，他们被困在匈奴长达十年之久。

▲ 这尊被称为"甘肃飞马"的汉代青铜雕像可能就是传说中的"天马"

是张骞关于大宛国良马的介绍。张骞称这些马是"天马""汗血宝马"。通常认为，汗血宝马是因为其皮肤较薄，奔跑时血液在血管中流动容易被看到，同时其肩部和颈部汗腺发达，出汗时局部颜色会显得更加鲜艳，容易造成一种流血的错觉，因此得名汗血宝马。另外，也有说法认为汗血宝马在沙漠中出生，由于日晒和缺少水分，出汗时因汗液浓稠且呈现红色，因此被称为汗血宝马。

汉武帝迷信占卜，卦辞称"神马"将从西北方到来，而西北方与大宛国所处的方向基本一致。当时人们还认为这种天马能够飞行，皇帝死后将由天马送上天堂，因此，这也是汉武帝花重金从大宛国换取汗血宝马的主要原因之一，当然，另一方面也是为了实现提高骑兵坐骑质量这一非常实际的愿望。

除了大宛和大夏（巴克特里亚），张骞还向朝廷提供了有关康居、安息（帕提亚）和神都（印度）等地的信息。他特别指出，在大夏的集市上可以买到中国的商品，这些商品是从神都运过来的。

随着汉朝与中亚各国之间贸易往来的日益频繁，汉朝加强了对通往内地的领土——丝绸之路东段甘肃的控制，并在那

▲ 这幅敦煌莫高窟的唐代壁画创作于8世纪,描绘了张骞奉汉武帝之命,前往西域执行任务的情景

里修建了要塞。汉武帝还通过外交手段从乌孙游牧民族(在敦煌、祁连山之间的区域放牧、狩猎,与月氏人为邻)那里获得了一些优良马匹,但这些马匹无法与他心仪的天马相提并论。

公元前104年左右,汉武帝派使者前往大宛国都城购买天马,但遭到拒绝。汉武帝送去的千金和纯金马像并没有打动大宛人。虽然汉朝使团一路上跋山涉水、风餐露宿,抵达贰师城时已经衣衫褴褛,但并未获得大宛人的同情。大宛人不愿意将自己的良马送与他人,认为那是他们最珍贵的国宝。

汉朝使者被拒后非常恼火,咒骂大宛,并操起木棒砸毁准备送给大宛的礼物——金马。这一举动激怒了大宛人。大宛国王派人到汉使必经之地郁成城,授意其国王派兵杀死汉使,抢走他们的东西。

使者被杀激怒了汉武帝。他下令组建了一支远征军,为被杀汉使复仇,并任命李广利为"贰师将军"。

公元前104年,远征军出发,途经新疆罗布泊,一路西进。塔里木盆地的一些绿洲小国对远道而来的汉军非常恐惧,纷纷关闭城门将汉军拒之城外。汉军得不到食物,只能忍饥挨饿。他们一路艰难跋涉,草行露宿,没到大宛李广利的军队就已经疲惫不堪了。

李广利的军队来到郁成城，发动了一次攻城战，但惨遭失败。李广利与随从商议后，意识到以现有的兵力攻不下郁成城，如果攻不下郁成城，就不可能攻下贰师城，一切都是徒劳的。于是他只好调转方向，带兵向东，准备返回中原。这次出征损失惨重，将士死伤近90%。

在长安，汉武帝得知李广利放弃攻城、带兵而返的消息后很不高兴。远在西部的李广利请求朝廷调集更多兵力攻打大宛，但汉武帝却下令关闭西部边境要塞玉门关，并警告李广利如果他带领溃兵破关入境，将被处死。满腔义愤的李广利只好将军队驻扎在敦煌（今甘肃省境内），等待时机。

公元前101年，汉朝6万大军集结在敦煌，准备与大宛再战。将士们的补给也很充足，有10万头牛，数万头骡子、驴和骆驼，还有3万匹马随军出征。

李广利带军到达贰师城后，发起了攻城战。大宛军队出城迎战，但有备而来的汉军装备了大量弓弩，他们万箭齐发，威力巨大。大宛军队溃败而逃，退回城内。

此外，李广利还将贰师城的河流改道，很快城内就缺水了。经过40多天的围攻之后，汉军终于攻破了贰师城的外城墙。大宛人责怪国王毋寡无能，并杀了他。他们派人与汉军谈判，提出：如果汉军停止进攻，他们就将汉人最喜欢的天马牵出来，供其挑选，而且还会为汉军提供粮食。

▲ 中国的"武皇帝"，即汉武帝

对于大宛人的提议，李广利反复考量。他发现大宛人雇了一位懂水的汉人，在教他们如何打井，如此看来以后贰师城内就不会缺水；另外，李广利知道大宛人有充足的粮食储备，如果继续围城，很可能是一个漫长的过程，风险很大。思前想后，李广利认为与其日后面临可能的失败，不如现在就达成协议。

李广利的部下赵始成和李哆也同意与大宛人达成协议。随后他们正式向大宛人传达了接受提议的消息。大宛人带着最好的马匹出城，供汉人挑选，三千多匹马被选中。李广利言出必行，率军撤离了贰师城。战争结束，汉军牵着心心念的天马返回中原。

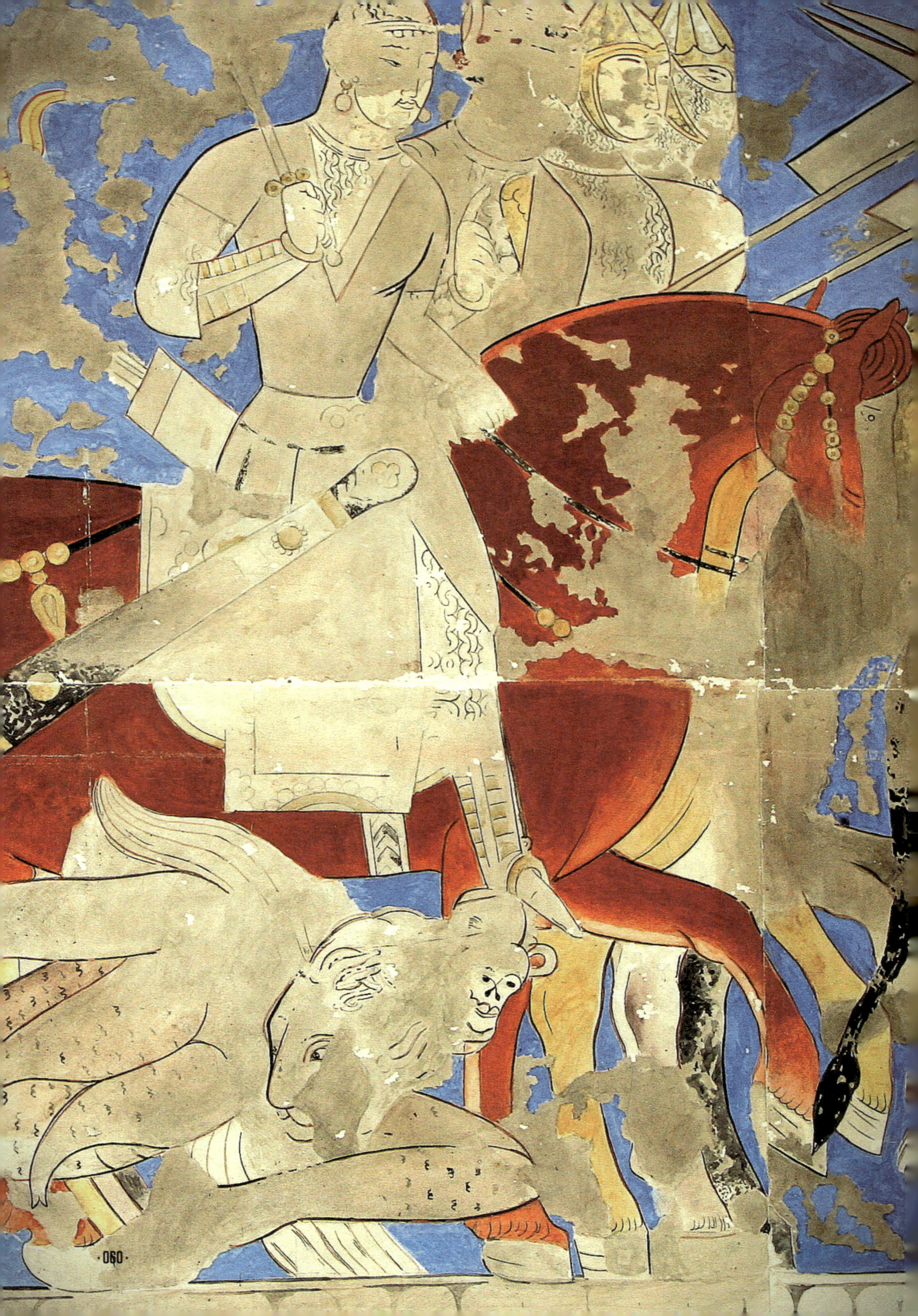

◀ 丝绸之路上的壁画描绘了众多不同国家和地区的商人和使节长途跋涉的情景

陆路和海路

丝绸之路从中国延伸到地中海,从印度跨越海洋到达非洲,
文化和商品前所未有地交融在一起

本·加祖尔

说起丝绸之路,人们可能会想到,它是一条铺设好的平坦公路,从一个地方直接通往另一个地方;它是一条为人们出行和商贸往来提供便利的快捷之路。

可是,如果你曾从古代丝绸之路上走过,一定会对这样的想象苦笑不已。古代丝绸之路,实际上是横跨许多荒芜之地的多条道路。路线不同,感受不同。你可能需要穿过高山隘口,走过一望无际的平原,蹚过汹涌湍急的河流,也可能需要在戈壁荒漠跋涉,为抵达遥远的绿洲艰难前行。所以,穿越丝绸之路,并不是背上行囊一走了之这么简单。许多人的经历太惊险、太令人感叹!那么,穿越这条连接东西方的商贸之路、这条东西方经济文化交流之路,究竟是一种怎样的体验呢?

在汉朝,如果要穿行丝绸之路,首先要离开中原前往西北,然后通过必经之地——甘肃河西走廊。河西走廊是一条长达900公里的通道,它的南面是白雪皑皑的山脉,北面是茫茫戈壁,只有这条通道相对平坦、安全。南面山脉流淌下来的雪水为行人提供了一个个供水点。这些有水的地方很快就会发展成为像敦煌这样的绿洲小城。

商人和各方行者经常在这些城镇停留,

▲ 玉门关是商人进出中国的必经之路，其遗迹至今仍清晰可见

他们一方面为继续前行储备食物，另一方面了解前进路上的地形地貌以及可能遇到的各种状况。在2世纪的汉朝，这里是游牧民族匈奴的故乡。

匈奴人一直对汉人拥有的丰富物产垂涎三尺，经常侵扰汉朝的北部边境地区，威胁着北方的安全。于是汉朝在其领土边界设立市集，让匈奴人购买商品而不是攫取商品，同时每年还将一些上好的物品作为礼物送给他们，以安抚他们，让他们顺从汉朝。由于担心匈奴人入侵，汉武帝还向月氏部落派出了使团，希望能够联合在一起，结成同盟，共同对抗匈奴。公元前139年，汉朝官员张骞率领使团前往月氏部落，并记录下一路上的所见所闻。张骞所走的这条路后来成为丝绸之路的北方路线，他的旅程记录成为我们了解丝绸之路的最早资料之一。张骞也成了丝绸之路的开拓者。

张骞出使西域一开始并不顺利，途中被匈奴扣押，被困了十年之久。最终，他逃过一劫，经大夏返回中原，完成了使命。在大夏的市集上，他惊奇地发现有中原的物品，这些物品显然是通过陆路运来的，而这在当时是不允许的。他询问商人这些物品是怎么来的，商人回答："这些货物是在身毒（印度）买的，然后运到了这里。"张骞回国后向朝廷汇报了相关情况，汉武帝决定派出更多的使团，探索更多的路线，以扩大商贸活动，为朝廷带来更多的收益。

丝绸之路的南方线路由此开始出现。但北部河西走廊的商贸活动是最频繁、最丰富的，同时也是最重要的，它在所有的商品贸易中占主导地位。

渐渐地，匈奴人被赶走了，汉朝在西北边陲沿线修建了烽火台。每当有麻烦发生，烽火就会被点燃，作为信号将消息传递出去，然后就会有军队被派去处理问题。各地烽火台守军还负责处理丝绸之路上旅行者遇到的各种问题。在甘肃西北部悬泉置遗址出土的木条、丝绸残片和纸张等文物，记录了当时的情况，这让我们对这段时期的丝绸之路有了比较清晰的了解。

到过悬泉置的人都会发现这里简直就是一个大粮仓，食物丰富，储量充足，有小米、大米等粮食，还有各种肉类。作为丝绸之路的中转站，这里还有充足的客房和马匹。途经甘肃河西走廊的人，无论是政府官员，还是商人、旅行者都可以在这里停留、休息。除了中原人以外，还有大量其他民族、其他城邦的人途经该地区。根据文献记载，这里接待过两次大型团队，一次是由汉朝官员陪同的由1074人组成的于阗国团队，另一次是由多个民族组成的470人的团队。

在汉朝，进入中国境内的外国使节必须携带"护照"，这赋予他们在官方住所住宿及使用马车的权利。这些使节通常是以官方身份正式来访的，其中许多人还带着觐见皇帝的贡品，但是也有一些人利用来中国的机会从事贸易活动。根据相关史料记载，坊间有时会出现他们对交易货品发生争执的传闻。例如，中国官员想低价购买瘦小的黄色骆驼，而作为卖方的某些外国使节坚持认为他们带来的骆驼又肥又白，不想低价出手。

过了悬泉置，沿着河西走廊继续西行到尽头，就是玉门关，关外就是茫茫的西域大漠。在这里，行人面临着两种选择：向北走，还是向南走？实际上都可以。但是，无论向北还是向南，都必须沿着有水源的山脉走。向北走，会经过哈密等城镇；向南走，会经过敦煌和伊宁。两条线的终点都是喀什。到了喀什，就意味着走出了塔里木盆地，避开了喜马拉雅山脉。

历史上，能够走过整条丝绸之路的人少之又少，大多数商人都是在一个城镇到另一个城镇的小循环中进行贸易。他们将货物卖给其他商人，由其他商人将货物运往更远的地方。商人大多以商队的形式出现，用牲口驮运货物。在塔里木盆地，大部分重物都由骆驼载运，因为它们不仅耐力强，而且即使在崎岖不平的路面上也能行走如常。

在丝绸之路上，大多数商人都会跟随驮运货物的骆驼队伍，或步行或骑行，所以行进的速度不快。商队的规模有大有小，相差悬殊，据记载，从十几头骆驼到几百头不等。其中有一支大型商队，运载的是五颜六色的丝绸，达万匹之多。规模较大的商队通常由国家资助，有使节跟随，还有武装士兵护卫。

一路上，商人们要面对反复无常的天气和恶劣的自然环境。在沙漠中，骆驼之

撒马尔罕与丝绸之路

撒马尔罕可能是中亚最古老的城市，它能够发展、繁荣与它的地理位置有很大关系

撒马尔罕在古代丝绸之路上的位置使其繁荣了将近 2500 年。作为粟特人的城市，它在粟特人成为丝绸之路上的主要贸易商的过程中发挥了重要作用。

撒马尔罕在公元前 6 世纪被波斯的居鲁士大帝（Cyrus the Great，公元前 590/580—约前 529，波斯帝国建立者）占领。这座城市的贸易网络从此打开，并延伸至地中海沿岸。后来，随着亚历山大大帝（Alexander the Great，公元前 356—前 323，马其顿国王，亚历山大帝国建立者）的到来，粟特商人得以东进。亚历山大帝国灭亡后，粟特人被并入希腊－巴克特里亚王国（Greco-Bactrian kingdom，约公元前 256—前 145，位于今帕米尔以西的阿富汗一带）。在中国和印度，关于粟特商人都有文献记载。在巴基斯坦发现了一位来自撒马尔罕的粟特商人在一块石头上刻写的一段话："纳里萨夫（Narisaf）之子纳奈-万达克（Nanai-vandak）于 10 日来到这里，请求圣地卡塔普尔的灵魂保佑我尽快到达卡尔万丹去见我亲爱的兄弟，祝他身体健康。"几个世纪以来，撒马尔罕的命运随着丝绸之路的变化起起落落，历经沧桑，现在它仍然是中亚的一颗璀璨明珠。

◀ 这头驮着粟特商人的骆驼，是穿越干旱地区的最佳驮畜

所以受到重视，一个主要原因就是它们能够感知沙尘暴。商人们看到骆驼蜷缩在一起时，就知道该遮住眼睛和脸了，因为沙尘暴随即就到。在沙漠中，迷路的危险也时刻存在。由于没有标记可循，很容易错过下一个绿洲，最终的结果不是渴死就是曝尸沙中。

丝绸之路沿途上的贸易都是受到监控的。如果商队要跨越边境，必须得到当地统治者的许可。例如，根据有关文献记载，商队在途经丝绸之路北线龟兹古国（曾是西域的政治、经济和文化中心）时，每支商队都会被记录下来，人员和牲畜数量都会登记在册。所有情况都写在一张通行证上，到下一个站点时用这张通行证换取新通行证。这些是我们了解该地区商队通行情况的重要依据。从现存文献中我们了解到：经龟兹通行的商队规模最大的是一支40人商队；有一支商队，除了首领之外，全部由女性组成。另外我们还了解到，一路上商人们尽管历尽辛苦，也不一定收获满满。公元300年左右一位粟特商人的信件就表明了这一点，一路艰辛并不总是能够换来利润的。粟特商人的这封信是写给派他与中国人进行贸易的粟特国王的，信中说："如果我把一切经历都告诉你们，那

▲ 商队客栈（Caravanserai）是丝绸之路上商队休息和补充给养的地方，是丝绸之路上重要的交通枢纽

真是苦不堪言，而且这次出行根本没赚到什么钱。"商人忙于生意在外奔波，留守在家的妻子日子也不好过。一位名叫米奈（Miwnay）的粟特女子的丈夫外出经商，自己留下照顾家。可是一别数载，她的丈夫一点音信没有。望着一贫如洗的家，她给丈夫写了一封信，诉说自己的哀怨，她写道："我宁愿做狗或猪的妻子，也不愿做你的妻子！"

在塔克拉玛干沙漠南部的绿洲重镇尼雅（Niya），发现了一百多块公元前300年左右的木块，上面用北印度语记载着古代贸易中出现的法律纠纷。其中一个木块上有这样一句话："当商人们从中原回来后，要调查他们是否有丝绸方面的债务。如果存在争议，我们将在王室法庭上当庭裁决。"由此我们可以看到，作为商人并不容易。他们跨越高山沙漠，历尽千辛万苦，但是如果稍有不慎，就可能面临被指控的危险。

丝绸之路上的商人们到达喀什后继续前行，经撒马尔罕或大夏向西行进，然后进入现代的伊朗所在地，继续向西就会到达欧洲。各种货物就是这样通过陆路和海路流入欧洲的。然而，很少有商人在过了玉门关后能走那么远。

虽然河西走廊是古代中国最著名的出境通道，但它并不是唯一的通道。在中国的西南部也逐渐发展出一条贸易通道，从成都通往西藏拉萨，一直延伸到今天的孟加拉国。这条贸易通道被称为"茶马古道"，因为通过它中国能够出口茶叶，进口健壮的藏马，茶马古道也因此而得名。另外它也是佛教传入中国的路线之一。实际上，这条道路上的贸易很久之前就存在，但真正繁荣是从10世纪左右开始的。即使到了20世纪，在茶马古道的陡峭山路上，也时常能看到有人背着比自己还重的茶砖前行。商人的生活从来都不轻松！

　　还有另一条连接东西方的贸易路线——海上丝绸之路。从青铜时代开始，运载大宗货物的远洋船只就已屡见不鲜。从中国陆路运来的货物通常在印度或帕提亚帝国（Parthian Empire，公元前247—前224，又名阿萨息斯王朝或安息帝国，是亚洲西部伊朗地区古典时期的一个奴隶制帝国）装船，然后绕阿拉伯半岛航行，运往埃及和罗马帝国。

　　公元97年，中国汉朝使节甘英被派往西方，目的地是当时属于罗马帝国的叙利亚。这应该是中国和罗马帝国之间的首次直接接触。途中甘英到达了帕提亚帝国，

▲ 来自不同国家和地区、不同文化背景的船只顶着风浪沿着海上丝绸之路进行贸易交流

准备乘船前往目的地罗马帝国，这时有人告诫他说："大海（印度洋）广阔无垠，如果顺风，三个月内就可到达对岸；但是如果遇到逆风，可能需要两年，甚至更长时间。所以，出海的人通常要带上三年的补给。另外，长时间在海上漂泊很容易想家，也容易生病，已经有好几个人丧命了。"甘英听后，立即折返，回到了中国。

有人认为，这是帕提亚人故意恐吓甘英，是他们设置的圈套。帕提亚人是不希望中国和罗马帝国之间直接进行贸易交流的，因为他们本可以充当中间人攫取大量金钱。这种看法不无道理。那么，中国与古罗马帝国之间的贸易是如何进行的呢？中国与古罗马的贸易主要是通过一条环绕阿拉伯半岛的海路。根据史料记载："要到达罗马帝国的大数（Tarsus，位于今土耳其南部），应该从西域的条支（今伊拉克境内）向西走海路，需要在波涛汹涌的大海上航行一万里。"罗马帝国和中国之间的漫长旅程让中国商人头疼不已。下面讲述的情况进一步说明了这一点："大数的居民用当地的苏合香皮制成香脂。香脂几经转手才能到达中国，由于运输时间太久，等到达中国的时候，香气已经不浓了。"

海上丝绸之路的贸易发展是双向的。1世纪，古埃及一位讲希腊语的商人写了一本名为《红海航行记》（Voyage Around the Erythraean Sea）的书，描述了在去印度过程中的所思所感。作者写道，随着船只越来越耐用，水手的技术越来越高超，海上航线也发生了变化。"贝雷尼丝

（Berenice）是一座生机勃勃的城市，在它建立之初，埃及和印度之间的海上航线还没有开通，人们无法从埃及或者印度直接驶往大洋彼岸的港口，因此两个国家的货物都聚集在这里，然后再中转出去，这里呈现出一片繁忙、欣欣向荣的景象。"有人计算过，罗马在与印度和中国进行香料贸易过程中，通过海路流出的资金比通过陆路流出的资金多得多。

那么为什么人们喜欢走海路呢？对于商人来讲，海路具有明显的优势。海上船只行进的速度比陆地上商队行走的速度快，而且一艘船的运载能力远远超过一支大规模的商队。海上的一次冒险其利润是非常可观的。当然，走海路也存在船只在风暴中失事、在海滩上搁浅或被海盗袭击的风险，这就像在陆地上同样会遇到各种风险一样。所以，为了避免风险，船长们尽量选择短途海上航行，往返于距离近的港口。

丝绸之路实际上是一个庞大且不断变化的道路网络。一匹丝绸从中国出发前往罗马，途中要经过多人之手。它可能最初是在骆驼背上，然后由骡子驮着翻山越岭，再被牛车拉到印度平原，最后被装上船，一路上伴随着海风来到古埃及。在那里，奴隶们把货物运到亚历山大港，再由商船穿过地中海运往意大利。在一件物品到达最终目的地之前，可能会有几十个商人参与其中。

对于丝绸之路两端的人来讲，彼此之间如此遥远。他们无法想象另一个国度里的语言和文化，无法想象那里的一切。

塔普罗班岛

古希腊和古罗马人是通过什么方式了解印度乃至亚洲的呢？

虽然亚历山大大帝曾冒险进入印度，并随行带着地理学家和历史学家，但他们的报告似乎缺少许多细节。亚历山大帝国分裂后，从欧洲前往亚洲变得更加困难，以前的许多信息也随之丢失，即使有一些流传下来，也很零乱无序。但是无论如何，有些地方的信息还是能够以各式各样的方式传播出去，为世人所了解。

塔普罗班岛（Island of Taprobane，今斯里兰卡）就是古代信息传播的一个很好的例子。根据古希腊地理学家托勒密（Ptolemy，约90—168）和古罗马百科全书式作家老普林尼等人的记载，塔普罗班岛是印度沿海的一个岛屿，位于印度半岛以南的南印度洋中。老普林尼说，从印度出发航行七天能够到达该岛，岛上没有城市，只有数百个小村庄，那里盛产珍珠和黄金。当地人真是有福啊！

老普林尼还讲述了一个故事：在罗马皇帝克劳狄一世（Emperor Claudius，公元前10—54）统治时期，一位税务官在环阿拉伯半岛航行时，由于风大偏离了航线，漂到了塔普罗班岛，并被塔普罗班国王收留。税务官向国王生动地介绍了自己的国家罗马，国王被深深吸引，于是派遣使团前往罗马。老普林尼称，正是从来访的使团那里，他了解到了许多塔普罗班岛的信息。

波斯的黄金时代

波斯曾是一座灯塔，是当时世界的政治中心，
有着丰富多彩的灿烂文化

阿普里尔·马登

公元前600年的一天晚上，米底（Media，古伊朗王国）国王阿斯提亚格斯（Astyages）做了一个怪异的梦。他梦见自己的女儿芒达妮（Mandane）生下了一棵葡萄藤。藤蔓不停地向四处蔓延，蔓延到他的房前屋后，蔓延到整个米底王国，接着，又疯狂地涌向邻近的吕底亚（Lydia，小亚细亚中西部古国，位于今土耳其的西北部），也就是王后亚利安尼斯（Aryenis）的祖居地。藤蔓就这样一直肆虐着，直到席卷了今天伊朗这片土地上的所有王国。宫廷大祭司告诉国王阿斯提亚格斯，这是一个预兆："芒达妮将生下一个孩子，这孩子会取代自己的外祖父，也就是你，成为国王。"

阿斯提亚格斯感到匪夷所思，但他还是将女儿芒达妮远嫁到他的一个附属小国伊拉姆（Elamite），嫁给了王子冈比西斯（Cambyses）。伊拉姆是个好地方，美丽富饶，国民彬彬有礼，是古代各帝国争夺的目标。但那是很久以前的事了，现在，无论芒达妮生下儿子还是女儿，处在穷乡僻壤的傀儡国王的子孙都不可能挑战强大

波斯古都波斯波利斯（Persepolis）于1979年被联合国教科文组织列入世界文化遗产名录。

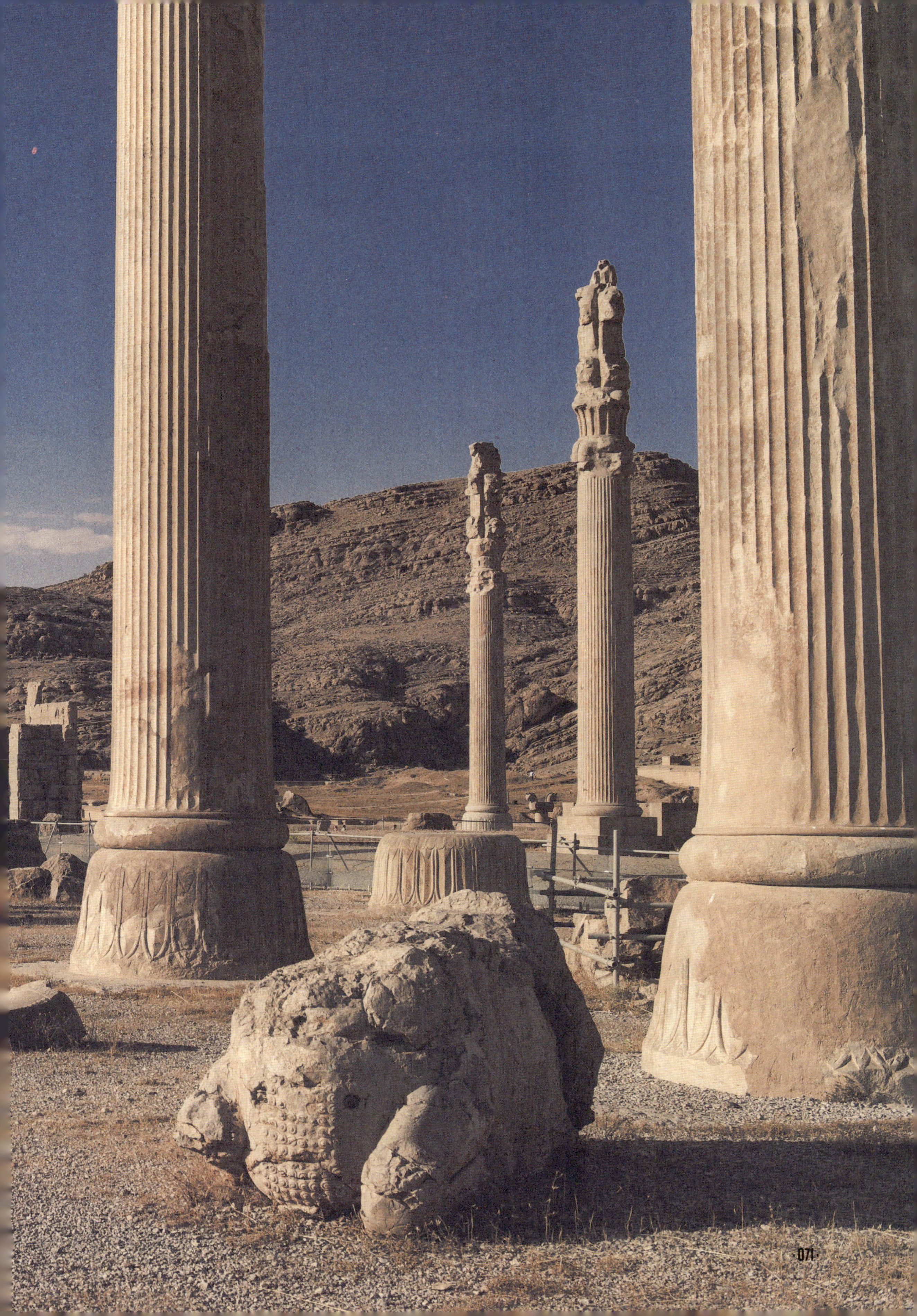

▲ 这幅 15 世纪的历史事件插图展示了亚历山大大帝征服波斯帝国的场景

的阿斯提亚格斯。但是，对于米底国王阿斯提亚格斯来讲，必须防患于未然。当他得知女儿怀孕后，就派了一位名叫哈帕格斯（Harpagus）的亲信大臣前往伊拉姆，将怀孕的女儿接回家中。他决定外孙一降生就将他处死，以防不测。

接下来发生的事听起来像个故事，但也许确有其事，因为古希腊历史学家希罗多德曾讲述过这件事。居鲁士一出生，阿斯提亚格斯就让亲信大臣哈帕格斯将他处死，但是哈帕格斯不敢自己动手，便将居鲁士转交给一个牧羊人，命他弃之荒野。巧合的是，牧羊人的妻子不久前刚产下一名死婴，于是他们留下了居鲁士，用自己的死婴顶替交差，居鲁士这才躲过了一劫。居鲁士十多岁的时候，跟贵族的孩子玩扮国王的游戏，被孩子们推举为国王，并鞭笞了一个抗命的贵族之子。此事很快传到了老国王阿斯提亚格斯耳中，居鲁士的身份被发现了。幸亏宫廷大祭司说，居鲁士没有王者之相，阿斯提亚格斯才打消疑虑放过了居鲁士。居鲁士回到自己国家后很快继承了王位，成为波斯人的首领。而曾奉命处死居鲁士的哈帕格斯却与他联络，要他起兵攻打米底，自己则作为内应。原来，当初阿斯提亚格斯发现哈帕格斯未杀死居鲁士，一气之下，将哈帕格斯的13岁独生子杀死……这刻骨的仇恨让他一直想报杀子之仇。

这个故事中的居鲁士就是居鲁士二世（Cyrus II），后人称之为居鲁士大帝，他是波斯帝国的缔造者。

不过，居鲁士的帝国似乎是偶然建立起来的。他通过击败城邦入侵者扩大了自己的领地，此外他还继承了一些领地。居鲁士尝到征服的甜头时，已经占领了美索不达米亚的三个王国：苏美尔、阿卡德和巴比伦，还横扫了小亚细亚（Asia Minor，亚洲西部的半岛，又称安纳托利亚半岛，位于土耳其境内）。居鲁士被封为"四方之王"。与其他帝国的缔造者不同，居鲁士没有要求所征服的国家实行统一，各国依然保留着自己的文化和习俗。居鲁士占领巴比伦古城时，确保了巴比伦不同文化背景下所有民族的宗教自由，这意味着流亡在那里的大批犹太人可以公开地信仰他们的宗教。

居鲁士最初创建波斯帝国时，也就是阿契美尼德王朝（Achaemenid Empire）时期，就崇尚多样性，这是该时期波斯帝国的一大特点，并且在随后的岁月里这一直是社会的常态。多样性体现在各个方面。

▲ 古代波斯时尚广泛借鉴了各民族的服装风格。富裕阶层喜欢潇洒飘逸的长袍，而像士兵这样经常有肢体活动的人则喜欢行动方便的长裤

▲ 阿契美尼德王朝以其能工巧匠而闻名，他们制作出的许多物品精美绝伦、令人惊叹，这些熠熠闪光的黄金酒器，现收藏于纽约大都会艺术博物馆

▲ 这幅18世纪让-查尔斯·尼卡斯·佩兰（Jean-Charles Nicaise Perrin）的画作描绘的是米底国王阿斯提亚格斯命令大臣哈帕格斯杀死居鲁士的场景

首先是生活方面，在阿契美尼德王朝时期，波斯帝国辖内各地区、各民族的人在珠宝、服装等时尚产品的风格方面相互借鉴，而纺织品、陶器等则多采用遥远国度的设计。其次是政治方面，这也是最重要的方面，那就是波斯帝国的政治体制，其宗旨是最大限度地维护国家和平，保护国家利益。在阿契美尼德王朝时期，每个辖区都由一个被称为"总督"的地方官管理，他必须根据帝国政策管理地方；帝国法律规定，所有人都是平等的，无论他来自哪个种族；尽管帝国有自己的国教，但各地区人们的宗教信仰、社会习俗、法律法规等仍然被保留了下来；女性在社会中拥有一定地位，许多行业都有她们的身影，她们从事着各种工作，甚至还担任领导职务，这在帝国的某些地区已经习以为常。同时，居鲁士在新首都帕萨尔加德（Pasargadae）建立起"总督辖地管理系统"，除负责一切监管事务外，还担负着维持治安、征收赋税及修缮公共事业的任务。

阿契美尼德王朝时期的波斯帝国是一个文化大熔炉，是一个幅员辽阔、管理完善、国泰民安的富足国家。

但是好景不长。当居鲁士暴虐、嗜税如命的儿子冈比西斯二世（Cambyses II，阿契美尼德王朝第二任皇帝）远征埃及时，国内发生了叛乱，篡位者上台，声称自己是冈比西斯二世的兄弟。早已心存不满的民众并不在意他们的新国王是谁，他们支持他大约七个月，直到另一位阿契美尼德人大流士（阿契美尼德王朝第三任皇帝）登上王位。在大流士大帝的领导下，波斯帝国呈现出前所未有的繁荣景象。大流士在居鲁士统治制度基础上进行了一系列改革：他开创了行省制，将全国分成20多个行省，行省的总督由皇帝直接任命；在全国推行统一钱币和标准化度量衡，将阿拉米语定为官方语言；修建了贯通全国主要地区的交通网络，称为"御道"，这条大道在张骞通西域之后成了丝绸之路的西段……这个一向崇尚多样性的帝国在商品运输、货币流通及贸易往来等诸多方面变得更加快捷方便。大流士还建立了规模宏大的宫城——波斯波利斯。这里有举世闻名的宫殿群和精美雕像，主要建筑包括万国门、觐见厅、百柱宫，等等，整个宫殿建筑群历经三个朝代才得以建成。现在这座古城遗址上还能看到100根石柱和40座宣礼塔的遗迹。

波斯帝国的大部分管理都在

巴比伦、埃克巴塔纳（Ecbatana）和苏萨等历史悠久的地方都城进行。大流士晚年在决策方面出现重大失误，以致波斯在公元前490年的马拉松战役（Battle of Marathon）和公元前480年的特莫比莱战役（Battle of Thermopylae）中被希腊城邦打败，国力严重消耗，波斯帝国从此走向衰落。

然而，在阿尔塔薛西斯二世（Artaxerxes II）在位的45年里，波斯重新确立了其霸主地位。这位阿契美尼德王朝在位时间最长的统治者，修复了波斯帝国早期的许多辉煌建筑，并开创了国教的新纪元。那些因参与反对冈比西斯二世政变活动而遭到迫害的琐罗亚斯德教教徒，现在又重新回到了政治权力中心，这主要归功于采纳自巴比伦地区的一项创新措施：所有公民必须将收入的10%缴纳给离居住地最近的琐罗亚斯德教神庙，国家从"神庙税"中提取一定比例的税款纳入国库。在工匠云集的阿契美尼德王朝——主要是金属工、编织工、陶艺工和石匠，他们利用当地丰富的资源制造出许多精美、昂贵的物品，他们的辛勤劳动也换来了丰厚的收入；饲养牛、羊的游牧部落因为频繁迁移而不需要缴纳税款，但是以种植谷

◀ 居鲁士大帝的陵墓。亚历山大大帝在征服波斯时来此谒拜过这位波斯帝国的缔造者

物、水果和蔬菜为生，养活了帝国大部分人口的自耕农，虽然收入少，却也必须缴纳税款，这显然不合理。公元前343年，阿尔塔薛西斯三世（Artaxerxes III）攻占埃及，这个古代世界最先进国家的资源、财富和各方面人才也归入波斯帝国，进一步丰富了波斯这个包罗万象的大熔炉。

但是老对手希腊并没有忘记波斯。最终，希腊各城邦在马其顿国王亚历山大三世（Alexander III，也称亚历山大大帝）旗下联合起来，彻底推翻了阿契美尼德王朝。亚历山大大帝征服波斯后到居鲁士大帝陵墓谒拜，发现陵墓已被盗贼洗劫一空。他非常气愤，质问掌管这一切的琐罗亚斯德教祭司。表面上，是亚历山大对陵墓被盗不满，认为是对居鲁士的亵渎（居鲁士是他心目中的英雄）；但实际上，是他对自己权威的担忧，对自己在新征服领土的政治和社会影响力的担忧。亚历山大帝国建立之后，亚历山大采纳了阿契美尼德王朝的许多文官制度，并同样运用多元文化并存的方法管理自己庞大的国家。公元前323年，亚历山大因高烧不退去世。亚历山大帝国分崩离析，帝国被他的几位将领瓜分。最后，在原亚历山大帝国广阔的领土上形成了三个希腊化国家：埃及的托勒密王朝（Ptolemaic Dynasty，公元

◀ 这是一枚刻有阿尔塔薛西斯二世形象的硬币，他是波斯帝国阿契美尼德王朝在位时间最长的君王，在位长达45年

前305—前30）、西亚的塞琉古王朝（Seleucid Dynasty，公元前312—前64）及东南欧的安提柯王朝（Antigonid Dynasty）。

在塞琉古帝国，波斯只不过是其中一个地区。直到公元前247年波斯人夺回控制权，建立了帕提亚帝国（又名阿萨息斯王朝或安息帝国）。新崛起的帕提亚帝国在宫廷中保留了大约50年的希腊习俗，然后屈服于一场席卷全境的民众运动：波斯复兴。帕提亚帝国灭亡并由波斯帝国萨珊王朝（Sasanian Empire，224—651，也称波斯第二帝国）取而代之时，希腊文化的影响已经衰弱，波斯文化开始盛行。在社会生活的诸多方面，都能感受到传统的波斯习俗的存在。在萨珊王朝，波斯文化再次占据主导地位。

然而，在阿拉伯人的强势进攻下，萨珊王朝于651年灭亡。阿拉伯人采用了巴比伦人的"神庙税"，将其更名为"吉扎"（jizya），并用它勒索管辖内的各民族民众，同时让他们接受阿拉伯哈里发王朝的伊斯兰文化。波斯多元文化的辉煌时代一去不复返了。

希腊大流士花瓶（Darius Vase）上描绘的大流士，该花瓶表现的是当时希腊流行（现已失传）的一部历史剧的场景

丝绸之路上的亚历山大

亚历山大大帝率领他的希腊军队踏上了征服之路

本·加祖尔

◀ 亚历山大击败波斯皇帝大流士只是他征服印度的第一步

人们常说"古希腊"或"古典希腊",但实际上,把它说成是一个单一的国家是不准确的。希腊半岛是由大大小小的城邦组成的,有的城邦可能只是一个小镇,占有一小块地;有的城邦面积则比较大,如斯巴达城邦,城邦内建有主体城镇,是古代希腊的重要城邦。希腊半岛上的每个城邦,无论大小,都是独立的。它们之间经常发生冲突,甚至有时会发生战争。

这些城邦长期以来一直向外派遣殖民者,在地中海周边建立城市,在今天的法国南部、意大利及土耳其,到处都可以找到讲希腊语的人以及与希腊本土进行贸易的社区。虽然希腊人分散在各地,但他们都有一个共同的希腊主义情结——在某种程度上,他们因共同的语言和宗教而团结在一起。他们将希腊族以外的人称为"野蛮人"。在希腊北部,有一个被希腊视为半开化的民族——马其顿人。马其顿人讲一种希腊方言,所以希腊各城邦认为他们不是真正的希腊人。另外,马其顿国内发生过多起刺杀国王的事件,这让人感到这个国家的社会秩序混乱。马其顿国王想参加只有希腊人才能参加的奥林匹克运动会时,不得不强调自己是希腊英雄赫拉克勒斯(Heracles)的后裔。然而,马其顿国王腓力二世(Philip II,亚历山大大帝的父亲)并不仅仅满足于融入希腊文明,他还想取得对希腊各城邦的实际主导权,领导

公元前336年,亚历山大成为希腊北部马其顿王国的继承人。当时,马其顿王国被认为处在文明世界的边缘,因为马其顿人在希腊各城邦眼中是异域蛮族。在亚历山大统治的13年间,马其顿王国成为当时世界上最大的帝国,被称为"马其顿帝国"或"亚历山大帝国"。它的版图从欧洲东南部向亚洲腹地纵深扩张,与后来的"丝绸之路"紧密相连。

整个希腊世界。腓力从小就英勇善战，长大后成了一名身经百战、久经沙场的将军。在他的带领下，马其顿军队勇猛顽强，成为当时最具战斗力的武装力量。

腓力二世还在军事上不断创新。他为士兵配备了一种名为"萨里萨"（sarissa）的长矛，长达6米。一个方阵的士兵手持长矛一起冲向敌人时，长矛重重叠叠形成一道坚不可摧的屏障。他还将军队变成了一个移动的作战团队。希腊本土各主要城邦相距都不太远，它们之间如果发生战争，各城邦将士们的行军路程相对比较短；而马其顿王国位于希腊北部边陲，军队如果作战就必须长途跋涉，穿越数百英里的崎岖山地，非常艰苦。于是，腓力二世精简了士兵携带的厚重盔甲，改进了起重要作用的辎重车辆。由于拉车的牲畜身上的甲胄会对它们的气管造成压力，限制它们的运载量，腓力二世还减少了军队对车辆的依赖，更多地使用驮畜和人力。

腓力二世最终控制了希腊的大部分地区，并成为进攻波斯帝国的希腊联合部队的总指挥。不幸的是，一把刺客之刃斩断了腓力的雄心壮志，他被刺身亡。不过，对于希腊人来讲，他们可能也是幸运的，因为一位新的指挥者出现了，那就是腓力二世之子亚历山大。在亚历山大的带领下，联军大败波斯军队，亚历山大完成了父亲的遗愿。

希腊人看不起马其顿人，而波斯人看不起希腊人。波斯是一个极其富裕的帝国，土地肥沃，物产丰富，能工巧匠制作的物品更是令人惊叹，这一切都让波斯人引以为傲。因此，在他们看来，处在荒瘠山地之中的希腊就如同羊倌简陋的茅屋，是个贫穷落后的地方。那么希腊人是怎么看待波斯人的呢？希腊人认为波斯虽然富足，但波斯人软弱怯懦，缺乏英勇强悍之气。虽然不喜欢波斯人，但是希腊人无法抵挡对波斯财富的渴望。在古希腊剧作家欧里庇得斯（Euripides，公元前480—前406）的《酒神的伴侣》（The Bacchae）中，有一个场景表现的是酒神狄俄尼索斯（Dionysus）在栩栩如生地讲述他是如何从一个"极其富有的东方"来到西方的，充分显示出希腊人对波斯的神往和迷恋。

古希腊喜剧作家阿里斯托芬（Aristophanes，约前448—前380）在其代表作《阿卡奈人》（The Acharnians）

▲ 亚历山大的轻骑兵部队能够迅速转战多个战场，这得益于波斯四通八达的公路网

▲ 亚历山大在其帝国各地建立城镇，这些城镇后来发展成为丝绸之路上的主要贸易中心

中以喜剧的形式嘲笑被派往波斯帝国的使节，说他们穿着雍容华贵的波斯衣服、带着被贿赂的波斯金子回来了。几个世纪以来，波斯的黄金源源不断地流入希腊。波斯帝国为了在希腊城邦中制造矛盾，曾资助斯巴达人对抗雅典人，也曾资助雅典人对抗斯巴达人。通过在不同的时期为双方提供资金，波斯人就是想让希腊城邦始终处于割据状态，这样他们就无法联合起来共同对抗波斯，就无法对波斯构成威胁。实际上，波斯军队曾两次攻入希腊，但最终都被击退。

古雅典雄辩家德摩斯梯尼（Demosthenes，公元前384—前322）在谈到波斯的财富时说，如果波斯大流士大帝想入侵希腊，他的军费支出恐怕相当于带着1200头满载黄金的骆驼去希腊。

随着希腊人对波斯的深入了解，他们发现波斯的大部分财富来自更加遥远的东方，并且知道那些黄金珠宝以及各种物品是如何在广阔的波斯帝国境内流通的。在谈到波斯境内的交通时，古希腊历史学家希罗多德曾说过："这个世界上没有什么人能比波斯信使走得更快了。"这主要归功于著名的波斯御道。御道是波斯人的伟大成就之一，是波斯皇帝大流士一世于公元前5世纪下令修建的四通八达的道路网络，全程设有驿站。有政令需要传达时，信使骑

▲ 亚历山大对俘获的波斯皇帝大流士三世的家人毕恭毕敬，这有助于他合理合法地得到波斯皇位

着马沿着御道飞奔，到达驿站后，由下一位信使骑着马继续飞奔……就这样一站一站，接力式传递信息，在短短九天内，可以跑完1600英里。这是一条通往东方的诱人路线。

希腊人总是对神秘的东方怀有浓厚的兴趣，对于那些带有异国情调的东方传说充满幻想。不过，有些传说似乎不大可信，例如希罗多德关于蚂蚁掘金的故事。他或许听说过地鼠和黄金的故事，这不奇怪，因为地鼠的洞穴有时确实能挖出金子。不管怎么说，对于希腊人来讲，他们对东方了解得太少。古希腊哲学家亚里士多德（Aristotle，公元前384—前322）是亚历山大的导师，他的教诲可能激发了亚历山大的好奇心，促使他不断探索这个世界。亚历山大远征东方时，他带上了哲学家、历史学家及其他学者，记录下他的所见所闻，当然他也带上了军队。

令人难以置信的是，亚历山大在波斯接连取得了一系列的胜利。他先是击败了波斯各省执政官率领的军队，然后在高加米拉战役（Battle of Gaugamela）中击败了大流士三世亲自统率的波斯大军。大流士三世逃走后最终被杀，波斯帝国灭亡。亚历山大成为统治波斯的新皇帝。他开始穿波斯风格的衣服，接受波斯礼仪，行为举止与从前大不一样，这让他的马其顿同胞感到担忧。长期以来，波斯帝国各朝代皇帝都秉承一种被称为"proskynesis"的跪拜礼。臣民见到他们都要匍匐在地施礼，以此来显示皇帝尊贵的地位。亚历山大成为新皇帝之后也要大家向他行这样的大礼。而对希腊人来讲，只有拜神时才用这样的礼仪，因此遭到希腊人的强烈反对。最后，亚历山大不得不放弃这一做法，但从另一方面来讲，这也是亚历山大试图将东方礼仪与希腊习俗融合在一起的一种尝试。

据说亚历山大占领波斯后缴获了20多万塔勒（talent）黄金，在当时，1塔勒足够雇用6000人一天。有了这些数不尽的财富，亚历山大没有把它们送回希腊，也没有用来巩固他在波斯的势力，而是率领军队继续向东进发。波斯境内四通八达的御道为亚历山大远征亚洲提供了便利。

亚历山大征服波斯时，波斯是一个庞大的帝国，其疆域从今天的土耳其一直延伸到巴克特里亚和印度的边缘，所以波斯是一个民族众多、文化多元的国家。它给希腊人最深刻的印象是，波斯境内各地方无论多么偏远都要定期向皇帝进贡。作为贡品的黄金和其他各种珍贵物品如何能够顺利运到数千里之外的首都呢？这就需要有良好的道路作保障。另外，皇帝最大的收入来源是对商品征税，所以，只有畅通的道路才能保证商品顺利流通、商品贸易顺利进行。同时，监测各路段道路状况、货物运输状况、来往车辆通行情况也是至

数量众多的"亚历山大"

亚历山大无论走到哪里，都会建立新城，作为退役士兵的定居地。这些新城巩固了亚历山大正在建立的帝国，它们还有一个显著特点，就是以他的名字亚历山大命名，这就是为什么从埃及到印度都有亚历山大城的原因。在亚历山大看来，他的使命是将希腊文明带到它从未到达过的地区。一座希腊风格的城市是希腊文明的展示窗口，也是向新臣民宣传他的统治所带来好处的巨大广告。这些城市通常沿贸易路线而建，对过往的货物起到一定的保护作用，也能确保资金和各种资源在整个帝国内流动起来。在随后的几个世纪里，这些城市随着丝绸之路的形成继续繁荣发展。

在整个中亚和近东地区，希腊人留下了大大小小数十个名为亚历山大或其变体名称的城镇，其中一些，如在色雷斯（Thrace，爱琴海到多瑙河的巴尔干半岛东南部地区）建立的亚历山德鲁波利斯城（Alexandroupolis），很快就从历史记录中消失了，但其他的，如埃及的亚历山大城，则成为重要的贸易中心和文化交流枢纽。正是在埃及的亚历山大城，亚历山大所期望的不同文化的融合实现得最好，该城繁荣了几个世纪。

◀埃及的亚历山大城不仅是世界古代奇迹之一——亚历山大地下陵墓的所在地，也曾是希腊人、犹太人、埃及人和其他族裔的家园

▲ 亚历山大的继任者们，如巴克特里亚的德米特里一世（Demetrius I），在钱币上同时采用了东方风格和希腊风格

关重要的。

波斯发达的道路网并没有在边境止步，它经由莫克兰（Makran，今伊朗-巴基斯坦边境）通往印度，贸易和商业活动由此得以进入东方。而这正是亚历山大想要去的地方。亚历山大对征服和探索有着无尽的渴望。希腊传记作家普鲁塔克（Plutarch，约46—119）讲过这样一个故事：有一次，亚历山大听希腊哲学家阿那克萨库斯（Anaxarchus，公元前340—前337）的演讲。阿那克萨库斯谈到宇宙中有无限多个世界时，亚历山大哭了，同伴问他为什么，他说："世界的数量是无限的，而我们还没有成为其中一个世界的主人，这难道不令人流泪吗？"当时人们认为印度是一个极其富裕、充满奇迹的地方，特别是印度海域的珍珠尤为珍贵，它的财富甚至超过了偌大的波斯帝国。根据后来的罗马文献记载，亚历山大曾对他的大臣们说："我进入亚洲并不是要消灭亚洲的种族，也不是要把东方这半个世界变成沙漠……如果我们想守住亚洲，而不仅仅把它当作通道，我们就必须对这里的人仁慈。"说这话时，亚历山大正在指挥着一支由希腊人和波斯人组成的联合部队，昔日的敌人正同他一起并肩作战。

亚历山大进入印度之前，先征服了巴克特里亚和粟特。在围攻粟特岩石（Sogdian Rock，据说是一个坚不可摧的堡垒）之后，亚历山大娶了当地一位名叫罗克萨娜（Roxana）的贵族小姐。亚历山大的父亲腓力二世娶过多位妻子，以此作为巩固联盟的一种方式。这可能影响了亚历山大，他也跟着效仿，后来又娶了波斯公主斯塔提拉（Stateira）。

终于，亚历山大率军到达了由几个地方王公统治着的印度河流域。所向披靡的亚历山大试图征服尽可能多的领土，但是在海达斯佩斯战役（Battle of the Hydaspes）中，他虽然战胜了印度王公波鲁斯（Porus）率领的军队和他的大象兵，但也付出了沉重的代价。亚历山大的将士们出现了厌战情绪。一些人从他们在马其顿的家中出发，已经跟随亚历山大走了数千英里，他们认为他们的皇帝永远不会停止进军。

普鲁塔克在著作中写道："虽然亚历山大带领的马其顿人在海达斯佩斯战役中打败印度人，但他们的士气已经大大削弱，无力进一步向印度境内推进。"隔着恒河，他们看到河对岸集结着印度军队，对方已经做好了一切准备，正等着马其顿人渡河。亚历山大看到自己的军队无法继续前进，便停止脚步，拔营而去。但是，为了确保所占领地区边界的安全，并且了解印度南部的情况，亚历山大带领军队顺着恒河一直走到它的入海处。回程是漫长、艰辛和痛苦的，尤其是在穿越干涸的沙漠时，亚历山大的军队艰难行走了两个月之久，数以千计的士兵死亡……历尽千辛万苦，亚历山大最终回到了巴比伦，回到了他新帝国的中心。全世界都在等着，看着，看他如何治理庞大的新帝国。

从某种程度上讲，阿契美尼德王朝时期的波斯帝国是一个多民族和多种族的国家。由于疆域辽阔，不同地区的人民自然有着不同的文化和习俗。无论是小亚细亚的希腊爱奥尼亚人，还是东方的巴克特里亚人，都要向波斯皇帝进贡，把他们最有特色的物品献给波斯皇帝。所以，亚历山大统治波斯之后，也穿上了波斯皇帝穿的软拖鞋，像他们那样统治一个分散的王国。

然而，亚历山大的理想是建立一个真正统一的帝国。由于亚历山大为马其顿国王腓力二世和伊庇鲁斯国（Epirus）最大部落首领的女儿所生，因此，一些马其顿人认为他是混血儿，不是纯正的马其顿人。现在，亚历山大试图通过让他的马其顿军官与他的新臣民联姻来实现人种上的融合。

不过，有时也会有矛盾出现。在一次战役中，亚历山大的军队哗变。在处理此事时，他的一个部下说，"陛下，马其顿

▲ 亚历山大试图通过迎娶被征服国家的公主来统一他的帝国，并鼓励他的将领娶当地姑娘为妻

人感到非常伤心，您把一些波斯人当作您的'亲戚'，波斯人可以被称为亚历山大的'亲戚'，并被允许亲吻您，而马其顿人却没有一个人获得这一殊荣。"了解这一情况后，亚历山大把所有马其顿人都称作他的"亲戚"，因而赢得了他们的大力支持。

公元前324年，亚历山大回到波斯后，在苏萨举行了集体婚礼。这次婚礼是为他的马其顿将领与波斯贵族女子联姻而举行的。亚历山大本人也娶了两位波斯公主。由此我们可以看到，亚历山大在身体力行地实现将不同民族融合在一起的想法。但是结果如何呢？非常遗憾，亚历山大死后，每一位娶波斯姑娘的马其顿将领都离婚了。

▲ 古代艺术家根据想象描绘的亚历山大军队与印度王公波鲁斯的大象兵之间战斗的场景

亚历山大将波斯人和其他民族的人纳入他的军队是出于实际需要。因为仅靠马其顿人不可能完全掌控他所创立的规模庞大的帝国。不断从本土补充军队人员耗尽了马其顿的人力，而将权力拱手让出去的希腊各城邦随时准备反抗远在他方的亚历山大。所以，选用波斯人和其他民族的人是必不可少的。但是当3万名巴克特里亚人抵达苏萨作为补充人员接受方阵式战斗训练时，亚历山大的希腊士兵还是感到担忧。

在印度这片新领土上，亚历山大能充分利用当地的各种资源，其中包括人才资源。在印度作战时，军队中的一些士兵被蛇咬伤，他请当地医生救治，挽救了许多人的生命。亚历山大对印度贤者的智慧也很钦佩。当他询问一些人跺脚是什么意思时，他们告诉他，这些人是在表明，脚下的土地才是他们真正拥有的一切。其中一位名叫卡兰纳斯（Calanus）贤者还加入了马其顿军队。在返回波斯的途中，卡兰纳斯感到自己年老体衰，不愿拖累别人，便用柴草搭建了一个火葬堆，自己躺在上面活活烧死。他对亚历山大说的最后一句话是，他们将在巴比伦重逢。

回到巴比伦后不久，亚历山大就在一次酒宴后病倒了。发烧14天后，这位年轻的国王离世，年仅32岁。据传，被问及谁应该继承他的王位时，他说"最强大的人"。然而，没有人足够强大，能将亚历山大赢得的一切保持住并传承下去。

亚历山大没有留下合法继承人，虽然当时他的妻子罗克萨娜已经怀孕，但是她能否生下一个可以继承王位的儿子也不得而知。在这种情况下，亚历山大的将领们开始解决这一问题。这些人被称为"继业者"（Diadochi），他们各自为营，很快就将亚历山大帝国分裂成几个王国。为了保住自己的王国，他们努力推行希腊化，将希腊文明引入当地社会，与当地原有的文化、风俗交流融合。这一时期被历史学家称为希腊化时代，这些国家被称为希腊化国家。在这些继业者将领中，最成功的是埃及总督托勒密一世（Ptolemy I，公元前367—前282），他成功地守住了埃及，并建立了埃及托勒密王朝，定都亚历山大港。在托勒密一世统治时期，埃及文化与希腊文化全面融合，两种文化相互交融和影响。

那么亚历山大是如何与中国产生关联的呢？

随着商品的流通，贸易往来的频繁，刻有希腊国王肖像的钱币，包括亚历山大大帝像钱币，流入中亚和印度，希腊的语言和文化也随之传播到这里。这种流动不是单向的。在亚历山大帝国建立之前，希腊人并不知道中国的存在。在亚历山大帝国鼎盛时期，其疆域包括东部的费尔干纳盆地。由于费尔干纳是中亚主要的农业区和贸易通道，在丝绸之路上扮演着重要角色，中国人很快就对这一地区产生了浓厚的兴趣，至此，希腊与中国有了交集。

今天，在阿富汗南部的坎大哈（Kandahar），我们能看到一块石柱，上面刻有印度皇帝阿育王（Ashoka，公元前303—前232，印度孔雀王朝的皇帝，统治着几乎整个印度次大陆，被视为印度最伟大的皇帝）撰写的碑文，关键是碑文是用漂亮的堪称完美的希腊文写的。由此可见，在阿育王统治时期，虽然亚历山大帝国已经灭亡几十年了（亚历山大死于公元前323年），但是希腊文化对亚洲的影响仍然存在。

亚洲的希腊艺术

希腊化文化，即亚历山大之后的希腊人的文化，对其所触及的所有国家和地区都产生了影响。随着希腊-巴克特里亚这样强大的王国在亚历山大帝国的分裂中发展起来，希腊风格的文化和艺术也开始盛行。巴克特里亚国王德米特里一世在征服印度后，制作了希腊风格的钱币，钱币上的国王头戴大象头皮，象征着他对该地区的征服。

在南亚次大陆的犍陀罗（Gandhara），发现了希腊的特洛伊木马的图像，这里的标志性佛教建筑刻着希腊神话中擎天巨神阿特拉斯（Atlas）支撑天空的浮雕，由此我们可以看到希腊文化对当地艺术的巨大影响。这里出现于公元前2世纪的佛像也带有希腊色彩。佛像通常身披希腊式的轻披风（himation），头戴光环，以希腊雕塑家钟爱的对立平衡姿势站立。

▼这些浮雕展示了身着希腊服饰的佛陀和随从，显示出亚历山大帝国衰落时期不同文化之间的交融和互动

塔克西拉

塔克西拉（Taxila）是一座有着悠久历史的著名古城，曾是商业、文化和学术中心，深受印度教和佛教的影响，繁荣了 1000 多年

迈克尔·E. 哈斯丘

公元前 7 世纪，随着世界贸易的兴起，塔克西拉也开始经历发展、繁荣和衰落的过程。这座城市位于三条主要贸易路线的交汇处，因此在一段时期内非常繁荣。

根据希腊历史学家和探险家麦加斯梯尼（Megasthenēs）的说法，这些贸易路线从克什米尔和中亚、亚洲大陆西部边缘和东印度起，连接犍陀罗地区和恒河流域。麦加斯梯尼称这条路线为皇家大道。印度佛教故事集《本生经》（Jataka Tales）中有关于塔克西拉的记载，称这座城市为犍陀罗王国的首都。公元前 6 世纪的波斯文献记载，塔克西拉是波斯帝国犍陀罗省的一个主要城市，位于波斯帝国的边境。在关于塔克西拉的历史记录中，有两位佛教僧侣的著作非常重要，一部是法显的《佛

魅力的考古宝库，涉及多个历史时期。

有证据表明，公元前900年，塔克西拉就是热闹的商品交易中心，公元前7世纪，这里已经发展成为繁华的都市。那么这座城市的名称是怎么来的呢？据印度史诗《罗摩衍那》（Rāmāyana）记载，塔克西拉城是由《罗摩衍那》中的英雄、印度教毗湿奴神（Vishnu）的化身罗摩（Rama）的弟弟婆罗多（Bharata）国王建立的。婆罗多以他的儿子塔克萨（Taksha）的名字命名了这座城市，并立他为第一任统治者。这座城市建在一座名为比尔（Bhir）的山丘上，该山丘位于印度河支流塔姆拉纳拉河（Tamra Nala）的入海口处。塔克西拉渐渐发展起来，成为文化学术中心。据说印度另一部史诗《摩诃婆罗多》（Mahābhārata）就是在这里首发的，这里还建立了一所大学，成千上万的学子前去接受教育。

根据考古记录，这座古城主要由东西两部分构成，东部为居住区，西部为礼仪宗教区。考古学家认为，在古城西区发现的一个"有柱子的大厅"充分认证了这一点，同时也表明塔克西拉很可能是目前世界上最古老的印度教神殿所在地。历史文献记载，公元前516年，波斯皇帝大流士发动了一场征服中亚的战争。他首先率军占领了塔克西拉周围的犍陀罗地区，进而占领了印度河流域并吞并了整个地区，之后的一个多世纪里中亚一直处于波斯的统治之下。然而，几乎没有考古证据能够证明这一点。

国记》，写于约416年，记录了作为当时贸易枢纽的塔克西拉的繁华景象；另一部是玄奘的《大唐西域记》，写于约646年，记录了他在这座古城的所见所闻，以及对这座古城的所思所想。

塔克西拉古城遗址位于巴基斯坦首都伊斯兰堡（Islamabad）西北约50公里处，东南距现代城市拉瓦尔品第（Rawalpindi）约35公里。该古城的梵语原名是Takasila，意为"切割石头的城市"，在希腊罗马文献中被修改为Taxila（塔克西拉）。塔克西拉古城遗址是一座极具

公元前326年，当亚历山大大帝和他的马其顿军队一路东进入侵印度时，波斯的影响力开始逐渐减弱。当时，印度塔克西拉的统治者安比王（King Ambhi）与邻邦君主、统治旁遮普东部地区保拉瓦斯（Pauravas）的波鲁斯之间正发生纠纷，冲突不断，亚历山大趁虚而入。关于安比是邀请亚历山大进入他的领地还是直接投降，历史记载不一。亚历山大与安比暂时结盟，并在杰赫勒姆河（Jhelum River）畔的海达斯佩斯战役中击败波鲁斯，从而征服了整个旁遮普邦。亚历山大随后迫使两个敌对的统治者和解，然后将军队的副官和老兵留在印度，自己率军返回巴比伦。一些马其顿人喜欢塔克西拉，他们称这里富裕、繁荣、治理有方。

公元前323年，亚历山大去世，之后孔雀王朝（Mauryan Empire）控制了印度河流域地区，并统治印度次大陆长达两个世纪。孔雀王朝创始人旃陀罗笈多（Chandragupta，又译月护王，印度孔雀王朝第一位国王，公元前324—前300年在位）的孙子阿育王成为塔克西拉总督。后来阿育王继位，成为孔雀王朝皇帝。阿育王统治时期，佛教得到了极大的发展。他倡导佛教，并重新建造了寺院，取代了之前的礼拜中心。其中，达摩拉吉卡（Dharmarajika）寺院的舍利塔是阿育王埋葬大量古代佛教遗物的地方，至今仍是著名的地标性建筑。

公元前184年，希腊-巴克特里亚国王德米特里一世入侵印度，在锡尔卡普

（Sirkap）建立了"第二个"塔克西拉，与比尔山丘上的塔克西拉隔溪相望。锡尔卡普按照希腊传统风格建造，城内建筑物整齐划一，街道呈网格状分布。这里的居民有希腊人、伊朗人和印度人，因此这里的民居风格丰富多样，既有外来的希腊式的，又有当地的印度教和佛教式的，同时还有希腊风格与印度教佛教风格交织在一起的。其中，佛教的阿普西塔（Apsidal）神庙长40米，宽70米；在其附近有一座印度教的太阳神庙和一座类似佛塔的耆那教圣殿；还有一座双头鹰舍利塔，它结合了佛教和希腊的设计元素。此外，这里还修建了一座希腊神庙和一座类似罗马神庙的佛教舍利塔。

之后，塔克西拉先后处于萨卡斯坦（Sacastane）和帕提亚帝国统治之下。在此期间，希腊哲学家阿波罗尼乌斯（Apollonius of Tyana）到过这座城市，他说："这座城市和尼尼微（Nineveh，西亚古城，亚述帝国都城，今在伊拉克北部）一样大，有希腊式的防御阵地，其城市布局与雅典相似。"

塔克西拉之后被称为锡尔苏克（Sirsukh），大约发生在公元80年贵霜帝国（Kushan Empire，30—375，统治中亚及北印度的帝国，在中国史籍中称为大月氏）时期。在这一时期，塔克西拉城建造起厚约6米的城墙，用于抵御入侵者。400年左右，塔克西拉被笈多帝国（Gupta Dynasty，319—550，中世纪统一印度的第一个王朝）吞并，在此期间，中亚几个匈奴部落的赫法塔尔人（Hephthalites）和斯维塔-胡纳人（Sveta Huna）入侵了塔克西拉。虽然这些"匈奴人"最终被击退，但他们带来的破坏是毁灭性的，塔克西拉城再也无法恢复原貌。城中精巧的佛塔、金碧辉煌的佛教庙宇损毁严重，民众纷纷逃离。7世纪中叶，大多数居民已放弃这座城市。随着贸易路线在其他地方建立，塔克西拉也失去了商业

▲ 达摩拉吉卡佛塔（Dharmarajika stupa）是塔克西拉的佛教徒在公元前3世纪—前2世纪建造的墓葬建筑。5世纪遭到匈奴人破坏，佛塔被毁

优势，逐渐衰落，直至无声无息。650年，玄奘到访时，用"荒凉"形容这座城市。

19世纪初，学者们认定塔克西拉遗址具有巨大的历史价值。1863年，英国考古学家亚历山大·坎宁安爵士（Sir Alexander Cunningham，1814—1893）开始对其进行深入研究。坎宁安发现古代文献所记载的塔克西拉的位置是不准确的，他纠正错误，重新确定了塔克西拉的位置，发掘工作就此展开。早期的挖掘工作由英国考古学家约翰·休伯特·马歇尔爵士（Sir John Hubert Marshal）负责。塔克西拉古城遗址除了包括比尔山丘遗址、锡尔卡普遗址和锡尔苏克遗址这三大遗址外，还包括达摩拉吉卡佛塔以及其他十几座大小不一的佛塔、寺院。发掘出来的文物经过鉴定、整理陈列在博物馆展出。现在，塔克西拉已经成为巴基斯坦

◀ 这座精致的佛陀及其侍从的雕像位于塔克西拉的一座贾乌利安寺院（Jaulian monastery）中，可追溯到公元前5世纪

游客最多的旅游景点。1980年，联合国教科文组织将塔西拉列入世界文化遗产名录；但是它仍面临着被破坏、掠夺、侵占以及战争损毁的威胁。世界遗产基金会（The World Heritage Fund）指出，塔克西拉是全球受到不可修复破坏或面临损毁危险的遗址之一。

塔克西拉的发现与保护

英国考古学家亚历山大·坎宁安爵士

1861年,印度处于英国控制之下,亚历山大·坎宁安爵士被任命为印度政府考古调查员。在印度,他考查、确认了十几座古城遗址,塔克西拉是其中最重要的遗址。即便后来回到英国,坎宁安每年冬天也会前往印度,参与塔克西拉和其他遗址的发掘工作,并撰写了24份相关报告。

英国考古学家约翰·马歇尔

从1902年至1928年,约翰·休伯特·马歇尔爵士担任印度考古调查局(Archaeological Survey of India)局长。1913年,他开始在塔克西拉进行为期20年的考古工作。1918年,他为塔克西拉博物馆奠基。如今,参观塔克西拉博物馆的游客可以看到马歇尔任职期间发现的许多文物。

联合国教科文组织

联合国教育、科学及文化组织(United Nations Educational, Scientific, and Cultural Organization,UNESCO,简称教科文组织),成立于1946年,致力于通过科学、教育、可持续发展和其他活动(如保护历史遗迹)改善人类状况。它所设置的区域性文化历史保护项目使世界各地濒临灭绝的文化瑰宝受到了密切关注,得到了保护。

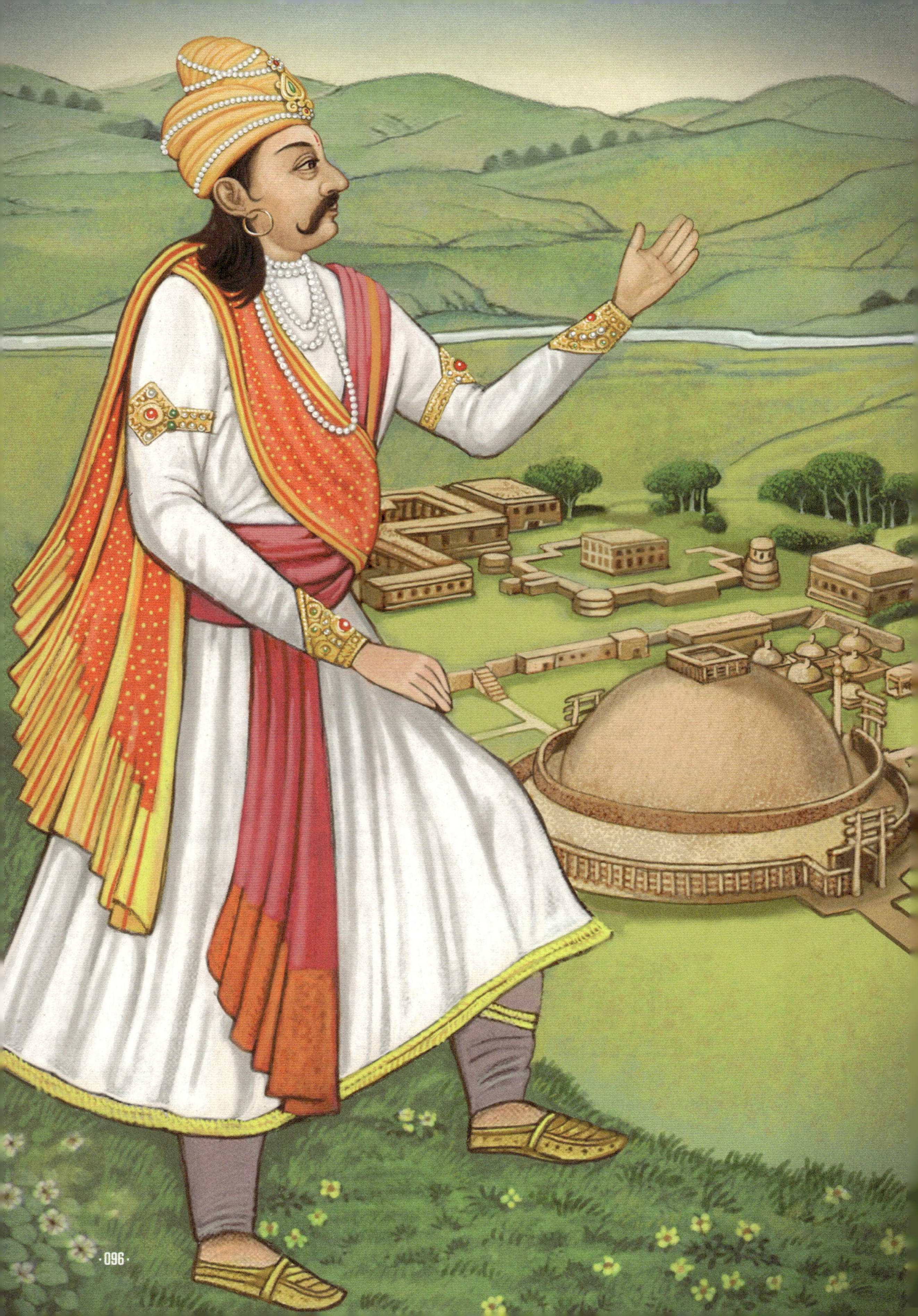

印度的哲学家国王

虽然印度的阿育王在统治之初是一个凶狠残暴的征服者，但他很快改变初衷，停止了杀戮

哈雷斯·布斯塔尼

阿育王是印度孔雀王朝的皇帝，统治着几乎整个印度次大陆。在通过武力、流血夺取政权、扩张领土之后，他摒弃暴力，广施仁政。

说到阿育王，就不能不提及他的祖父旃陀罗笈多。旃陀罗笈多是一位英勇善战、智勇双全的军事领袖。他曾指挥一支雇佣军为亚历山大大帝效力，后来在公元前322年，推翻了印度的难陀王国（Nanda Kingdom），创立了自己的帝国——孔雀帝国，即印度孔雀王朝。旃陀罗笈多统一了印度北部和西部地区，将马其顿人赶了出去，建立起印度历史上第一个中央集权国家；他还建立了一支由60万步兵、8000头大象和3万名骑兵组成的庞大军队。旃陀罗笈多统治孔雀王朝长达25年，为建立印度次大陆上第一个统一国家奠定了基础。之后，他将王位让给儿子宾头娑罗（Bindusāra，孔雀王朝的第二位国王，约公元前297—前272年在位）。旃陀罗笈

▲ 阿育王在征服羯陵伽国时，目睹了血腥的屠杀场面，亲身感受到了战争的恐怖和残酷

多晚年笃信耆那教，最后按该教习俗绝食而死。

　　印度社会受种姓制度制约，以吠陀祭司的婆罗门（Brahman）阶层为首。旃陀罗笈多尽管身为帝王，但他出身于低种姓，而他的王朝中多是高种姓的婆罗门阶层。旃陀罗笈多的儿子宾头娑罗继位后统一了印度南部。宾头娑罗勇猛顽强，率军穿过德干（Deccan）高原，进入迈索尔（Mysore），为自己赢得了"杀敌者"的绰号，但他没能夺取印度东部的羯陵伽（Kalinga）王国。据说宾头娑罗生了101个孩子，长子苏希玛（Sushima）是他的继承人。他生下了一个名叫阿育王的男孩，这个孩子似乎注定要过着悲惨的、默默无闻的生活。他不仅形象不佳，还患有"粗糙、摸上去令人不舒服"的皮肤病；他还患有癫痫病，经常莫名其妙地昏厥。

　　不幸和苦难使阿育王长成为一个"邪恶"的年轻人。据说他听到有人谈论他的皮肤后，就将谈论的人全部活活烧死。但是同时阿育王是一个有雄心、有抱负的人，他凭借自己的聪明才智，与父亲的首席大臣结为盟友，并一起谋划如何对抗他的兄弟们。阿育王的国王父亲看到了他的才能，同时也是为了远离这个儿子，就派他——现在被称为"愤怒者"的阿育王去平定印度西北部塔克西拉地区的叛乱。

阿育王平定叛乱，胜利归来，受到了英雄般的礼遇。随后，阿育王又被派去与克什米尔的两位山区领袖结盟，并大获成功，父亲任命他为乌贾因（Ujjain，现印度中西部城市）的总督。在乌贾因，他遇到了一位名叫德维（Devi）的商人的女儿，她是虔诚的佛教徒。为了爱情，阿育王不顾门第娶了她。这时在首都华氏城（Pātaliputra）发生了一件意想不到的事：在一次公开场合，王位继承人苏希玛开玩笑地扇了一位高级大臣光秃秃的后脑勺一巴掌。事情虽小，却引起了轩然大波，朝廷大臣们担心这位未来的国王喜怒无常，于是把他的竞争对手阿育王召回首都。阿育王抛下妻儿回来后不久，就与一位小王国的公主成婚。与此同时，王位继承人苏希玛被派往塔克西拉镇压另一场叛乱。

公元前274年，印度国王病重，命令长子、王位继承人苏希玛返回朝中，并指示阿育王接替他前往塔克西拉。在这紧要关头，阿育王不想离开都城，于是装病，并让与他关系密切的首席大臣截获了国王发给苏希玛的消息。一心想继承王位的阿育王当面质问父亲，并要求册立自己为摄政王，这一举动令在场所有人震惊不已。据说国王因此癫痫病发作，不久就离开了人世。王位继承人苏希玛最终回到首都时，发现王宫四周有希腊雇佣兵建起的围墙，自己同父异母的弟弟被围墙保护在宫中。据记载，首席大臣在王宫东门内挖了一条沟，里面填满了煤炭，并用芦苇和泥土覆盖在上面，然后怂恿苏希玛从东门入宫，夺回王位。不明真相的苏希玛冲进无人看守的东门时，绊倒在火坑中，被活活烧死。

在随后的4年里，传说阿育王将剩下的98个同父异母兄弟逐一杀死，只留下了他的胞弟维塔沙卡（Vitashoka）。之后，阿育王举行了加冕仪式。在加冕仪式上，他被婆罗门祭司净身、涂油和祝圣，成了一个拥有神权的国王。现在他是达摩（Dharma）本身——宇宙真理的化身了。阿育王继承了祖父的头衔德瓦南普里亚（Devanampriya）——"众神的宠儿"，并采用普里亚达西（Priyadasi）——"宠儿"作为王号，任命胞弟维塔沙卡为副摄政王。后来阿育王娶了6个妻子和几十个嫔妃，生了14个孩子。

▲ 石柱诏书（支柱法令）的顶端是四只背对背蹲踞的雄狮，坐在道德法轮之上。在现代印度的许多地方都能看到这样的图像

阿育王继位后很快适应了角色，成为一名称职的国王。许多事务他都亲自处理，如接收黄金收入、任免官员、监督军事演习，等等。他提名4位王子担任总督，负责管理各地区官员，即马哈马特拉（mahamatras），而这些官员又管理着另一批下属。各个城市则由拥有司法权的专员管理。

阿育王早年实施的是铁腕统治，政策法令苛刻残暴。他每天都会收到由各路间谍组成的情报网传递来的信息，这些信息为他巩固政权、治理国家提供了帮助。据说，他建造了一座"地狱监狱"，这座监狱外表看上去很漂亮，但里面却设置着"地狱五苦"（刀山地狱之苦，剑树地狱之苦，铜柱地狱之苦，镬汤地狱之苦，溟泠地狱之苦），用来处置犯人；他还任命一个叫昌达吉里卡（Chandagirika）的人为首席刽子手，让他用各种酷刑杀人，但后来这个刽子手本人也被折磨致死。

阿育王非常喜欢吃肉，尤其喜欢吃孔雀肉，但是在公元前265年前后，不知是受母亲的影响，还是受第一任妻子的影响，也可能是受一位奇迹般地从"地狱"中幸运活下来的年轻僧侣的影响，暴虐、嗜血的阿育王皈依了佛教。阿育王通过将婆罗门种姓的权力移交给谦逊的佛教徒，削弱婆罗门种姓的影响力，这是阿育王在政治上的一个重大举措。

随后，阿育王手下的6万名婆罗门将士都跟着皈依了佛教，佛教徒人数大幅上升，队伍不断壮大。但是对阿育王来讲，几年后，他才开始认真对待自己的新信仰，放弃了心爱的孔雀肉。在这一过渡时期，在阿育王执政的第八年，因为急于完成父亲未竟的事业，他违背了佛教的教义，入侵了尚未被征服的印度东部王国羯陵伽国。

最终，阿育王成功地征服了羯陵伽，将其纳入自己的统治范围之内。在这次征战中，有10万人丧生，15万人流离失所。阿育王以胜利者的姿态巡视被征服地区时，看到的是一幕幕惨不忍睹的场景，到处是尸体和废墟，这令他震惊不已。此时的阿育王更多感到的是悲痛和羞愧，而不是骄傲与自豪。

至此，阿育王深耕佛法，摒弃暴力，开始了第二阶段的执政生涯，即"阿育王佛法"时期。为了纪念这一转变，公元前260年，阿育王刻下了第一份"石柱诏书"，公开郑重其事地宣布皈依佛教。诏书刻在光滑的石柱上，因此叫"石柱诏书"，也叫"阿育王石柱"。石柱最珍贵的地方在于柱身，上面用古老的婆罗米文字（Brahmi）铭刻着阿育王的亲笔敕文。石柱最精美的地方在于柱头，柱头顶部刻有四只背对背蹲踞的雄狮；中间层是饰带，雕有牛、马、象、虎四种动物，这四种动物间用象征佛法的宝轮隔开；下一层是钟形倒垂的莲花。整个柱头华丽完整，打磨得如玉一般光润，这是孔雀王朝时代雕刻艺术的一个显著特点。

在执政时期，阿育王有时一年中有四分之三的时间在帝国各处巡视，并用古老的婆罗米文字将他的诏令和"正法"的精

▲ 据说，阿育王在整个印度次大陆建造了 84000 座佛塔和寺院，而且是用结实耐用的材料建造的

神刻在岩面或石柱上。在巡视过程中，阿育王对如何治理国家进行了深入的思考，并将自己的思想记录下来，这些发自肺腑的声音真诚感人，令人动容。

阿育王曾在一块岩石上刻下文字，直截了当地表达了对入侵羯陵伽的悔恨。他写道："战争令无数人流离失所，骨肉分离……这让我非常痛苦，为什么会发生这种事？"随后，他发誓将不再主动发动战争，将全部精力投入佛法事业中，并鼓励子孙后代也这样做。他认为："佛法的胜利胜过战争的胜利。"

随着阿育王对佛教的痴迷，"佛法"思想成为其治国的主要理念。但是他并没有将佛法思想强加给民众，而是主张用仁慈的力量治理国家，正如他所说："所有人都是我的孩子。"他要创建一个众生平等、人人相互尊重的社会。在一项法令中，阿育王谴责对婆罗门教"无意义的仪式"的崇尚行为，鼓励人们要切实做到"尊敬长者"、"善待众生"（包括奴隶和劳工），这些行为要有仪式，要落实在日常生活中，养成习惯，形成一种社会风俗。

阿育王还主张对其他宗教宽容，各种宗教应该和平共处。他坚持认为："在宣扬自己的信仰时应该有所克制……一个人如

印度的马基雅维利

印度历史上孔雀王朝的出现跟一位天才有关。他是一位有雄心、有抱负的人，是一位有着极强使命感的人，一心想将自己的国家从危难中拯救出来，他被称为印度的马基雅维利（Machiavelli，1469—1527，意大利政治家和历史学家，主张为达目的可以不择手段）

考底利耶（Chanakya，古印度政治家，哲学家）出生于印度西北部塔克西拉省的一个婆罗门家庭，塔克西拉是文化和学术中心，全国各地的优秀人才都聚集在这里，学习科学、经济、法律、医学及军事等各种学科。

考底利耶是教师的儿子，长大后他也成为一名教师。他对政治非常感兴趣，通过研究分析，他发现自己的国家——摩揭陀王国国力很弱，处境危险，一旦有人入侵，整个王国很快就会灭亡。在万不得已的情况下，考底利耶来到王国的首都华氏城，为国王出谋划策，却发现他是一个专横的、不可理喻的暴君。这次出行以失败告终，考底利耶伪装成耆那教苦行僧才得以逃脱。回家途中，他遇到了一位名叫旃陀罗笈多的有志青年。

考底利耶收留了这个年轻人，并为他提供良好教育，力图将他培养成为一名理想的统治者。在积累足够的资金后，考底利耶和旃陀罗笈多向摩揭陀王国发动了进攻，但以失败告终。之后不久，他们偶然看到一位母亲责骂自己的儿子只吃面馍中心热的地方，不吃边缘凉的地方。这件小事让他们深受启发。考底利耶和旃陀罗笈多改变了策略，首先巩固了与喜马拉雅山地区盟友的关系，然后进攻摩揭陀王国的外围，慢慢地将其逐块分割，最终攻占了王国的首都，国王落荒而逃。此后，旃陀罗笈多被任命为国王，建立了印度历史上著名的孔雀王朝，并按照考底利耶设计的模式进行统治。

绰号"乌鸦嘴"的考底利耶后来写下了著名的《政事论》（Arthashastra）一书。《政事论》是现存最古老的印度政治著作，内容广泛，包括内政、外交、民政、军事、经济、法律和科学等，为古印度重要政治文献。书中的思想、理念在英属印度时期（1858—1947）一直发挥着重要作用。

果赞美自己的信仰，贬低他人的信仰，实际上是在玷污自己的信仰。"虽然这些行为让婆罗门教人士非常反感，但阿育王颁发的谴责用动物献祭的法令更令他们愤怒。

在第二阶段的执政生涯中，阿育王的管理方式在很大程度上与其祖父相似。他规定，马哈马特拉每年必须在帝国各地巡查五次，以确保高级官员和低级官员没有滥用职权。当阿育王的亲弟弟被发现滥用副摄政王的权力时，他被迫辞职，成了一名佛教隐士。阿育王还向各级官员和各类雇员支付工资，作为对他们付出的回报；向农民、工匠和商人征税，增加国库收入；制定一系列详细的法律法规，对违法者追究责任。阿育王坚持原则，处事公正，广施仁政。他废除了死刑，并且每逢自己的生日或加冕纪念日时大赦天下，释放一定数量的囚犯。

公元前254年，阿育王派遣一名大臣去调解佛教徒和尼犍（Nirgrantha）教徒之间的纠纷，结果大臣被杀。这件事促使阿育王在首都华氏城召开了第三次佛教会议。这次会议对佛教各教派进行了精简，并编纂了教规。随后，他开始实施广泛的传教计划——向各地派遣僧侣，传播公认的教义。

随着年龄的增长，阿育王越来越热衷于佛教僧团的事务。他向佛教僧团捐赠了大量的财产和土地，并在全国各地兴建佛教庙宇，据说一共建造了84000座佛塔和寺院，每种佛法都有一座。这些佛塔和寺院不是用泥土和灰泥建造的，而是用砖和

▲ 阿育王将他关于佛法、道德和治国的主张铭刻在孔雀帝国各地的岩面或石柱上

石头建造的，结实耐用。阿育王还向每座寺院赠送了10万金币，向佛陀诞生地赠送了10万金币，并向佛陀悟道的菩提树管理者赠送了10万金币。

此外，阿育王还恢复了盛大的无遮大会（Pancavarsika），并根据他的佛教信仰重新设计了节日的庆祝活动。其中一项是：他在菩提树周围搭建一个平台，上面摆放着5000个由金、银、水晶或虎眼石制成的精美奶壶，奶壶中装满了加入檀香、藏红花、樟脑和香水的牛奶，在庆祝仪式的最后，将这5000壶牛奶洒向菩提树。

在皇室总会发生争权夺势的事。阿育王最心爱的继承人鸠那罗的母亲去世后，她的位置由帝失罗叉取代。帝失罗叉是阿育王的另一位妻子，是一位反佛教者。据说她成为皇后之后，一度试图摧毁菩提树，还设计让皇位继承人鸠那罗失明。而当时

阿育王正在塔克西拉镇压叛乱，远离都城。首席大臣看到失去双眼的鸠那罗时，万分悲痛，一怒之下杀死了皇后，并将她以反佛教阴谋罪论处。由于失明，原继承人鸠那罗以后无法继承皇位，于是阿育王的孙子达沙拉沙被指定为继承人。

转眼几十年过去了，阿育王已年近七旬，身体开始走下坡路。但他坚持举办了第二届无遮大会，而且规模远远超过第一届。为了款待来自世界各地多达40万的僧侣，他花费了将近40万金币，还向自己的阿育王中心寺院赠送了大笔金币。然而，数十年的慈善支出几乎让帝国破产，无奈，大臣们只好向皇位继承人——年轻的达沙拉沙求助，达沙拉沙命令国库拒绝了阿育王的财政请求。公元前232年阿育王去世。去世前，阿育王就已经让达沙拉沙以自己的名义行事，实际上已经放弃了统治权。据说阿育王临终前希望将自己所有剩余的财产捐献给佛教界，但遭到了拒绝。

阿育王死后，孔雀王朝经历了一次次动荡，每次新皇帝在位时间都不长。最终孔雀王朝灭亡，印度重新陷入了分裂割据的状态。

阿育王不仅治理着印度史上最大的帝国，还将佛教——一个只在印度西北地区流行的小教派发展成为世界三大宗教之一。他成功地展示了一种全新的治国理政模式——善治，不是征服而是慈悲、仁爱。

▶阿育王统治印度历史上最大的帝国长达30多年，他以慈悲、包容的态度治理着他的多元化国家，将文明、生产生活技能带到了偏远、落后的地区

文明的广泛影响

阿育王包容、慈悲的治国思想在印度孔雀王朝周边的国家和地区迅速传播，成果令人瞩目

孔雀王朝的首都是华氏城，坐落在印度恒河沿岸，是当时世界上最大的城市之一。都城内宫殿、工厂、造船厂、花园和寺庙林立，所有这些都被围在巨大的城墙内，城墙上有570座塔楼、64个城门。

孔雀王朝的领土面积非常大。它西到今阿富汗，东到今孟加拉国，囊括整个印度次大陆，是一个民族众多、各种文化相互交织的国家。领土内大片土地被茂密的森林覆盖，有许多落后的村庄。阿育王统治时期，实施了一项重要的举措，就是设置了正法官（Dharma mahamatras）。正法官的工作是推行国王的佛法理念，维护各教派之间的和平，还要筹集资金开办医院、挖掘水井、在道路两边种植树木，等等。

正法官被派往帝国各个地区，包括最偏远的省份，向当地人、当地部落传授佛法，同时他们也带来了帝国权力核心所在地区——恒河流域的高雅文化和各种技术。在这一过程中，农民被"文明化"了，他们被纳入纳税人的行列，他们知道了如何尊重王权、官员、僧侣和祭司。在国家、政府的扶持下，许多四处游走的猎人及在海上漂泊的渔民都居有定所，生活得更好了，其中一些还成为有耕地的农民，他们辛勤劳作，衣食无忧。

渐渐地，一些日常用品和生活工具也被正法官带到偏远的省份，例如，黑色的抛光陶器、铁制工具和辐条车轮等，还有书籍。在印度东北部首次出现了烧砖，用这种材料建造的房屋可以抵御风雨，因此当地出现了许多砖瓦建造的房屋，形成了一个个定居点。与此同时，当地人还学会了修建环形水井，这样他们就可以生活在远离河岸的干爽地方。阿育王还将他的慈悲治国理念传达给希腊、埃及、土耳其和斯里兰卡的统治者，甚至无私地向邻国提供医疗支持。

▶ 在毕马兰舍利盒上，佛陀与印度教诸神并肩而立

丝绸之路上的信仰交融

宗教之间经常会相互碰撞，甚至发生冲突，但是在丝绸之路上，它们却能和平共处，彼此交融

本·加祖尔

丝绸之路不仅是横跨大陆运输货物的绝佳方式，还让各种不同的思想得以传播，相互交融。虽然很少有人能走完整条丝绸之路，但是口口相传、文字和祭祀物品却能将宗教信仰传播到本土以外的其他地方，例如，一些学者认为，从柏拉图和毕达哥拉斯的哲学思想中看到了印度佛教中轮回、转世思想的影响。

大量证据表明宗教通过丝绸之路得以传播。在宗教信仰交融的地方，人们经常会发现思想的交流和新信仰的出现，这些新信仰融合了一种或多种信仰的特征。

· 107 ·

▲ 来自印度的被称为"Japa Mala"的念珠在丝绸之路上被许多其他宗教所采用

起源于古代波斯的琐罗亚斯德教（又被称为"祆教"、"拜火教"）就是通过丝绸之路传播到西方的。这个宗教提出的一神论和二元论的哲学思想对后来的宗教，都有显著的影响。从早期希伯来文献中我们可以看到，犹太教最初是多神教，后来逐渐演变成一神教。琐罗亚斯德教的创立者琐罗亚斯德的追随者摩尼（Mānī，216—274）将琐罗亚斯德教、基督教、印度教和佛教等教义融合在一起，创立了自己的宗教——摩尼教（Manichaeism）。

在丝绸之路各国、各地区之间的贸易往来中，中亚的粟特人是主要的商人，粟特语是主要的商业语言。印度许多重要的佛教典籍都有粟特语译本，许多佛教文献也是通过粟特语译本传入中国的。粟特位于丝绸之路的中心地带，是古代中国通往印度、阿拉伯以及欧洲的必经之地，也连接着中国、波斯和印度这三大文明区域，因此也是宗教文化中心，是琐罗亚斯德教徒、佛教徒、摩尼教徒和景教徒的家园。

丝绸之路沿线出土的一些文物反映出这些宗教的相互影响。例如毕马兰舍利盒（Bimaran Casket），它是一个金质舍利盒，盒中部是浮雕人像，立于希腊-罗马式的拱门之内；一共有八个浮雕人像，它们是两组佛陀与梵天、帝释天，以及两个菩萨；在每两个相邻的拱形龛之间的三角形区域装饰一只神鸟桓娑（Hamsa），它是印度教主神梵天的坐骑。

▶这块墓碑来自中国，上面刻有基督教景教的十字架，同时还标注着中国的十二生肖年份

一些由普通材料制成的宗教小物件也通过数千英里的丝绸之路，从一个地区传到另一地区，从一个国家传到另一个国家。例如念珠，无论是欧洲国家还是亚洲国家，许多宗教都使用念珠。信徒们通过手捻念珠计算祈祷次数或者帮助冥想。那么念珠最早是哪个宗教使用的呢？如果追溯历史，念珠是从印度教的"马拉珠"（mala beads）演变而来的，后来传入佛教，并继续向外传播，进入其他地区，传入其他宗教，这是最初使用者未曾想到的。

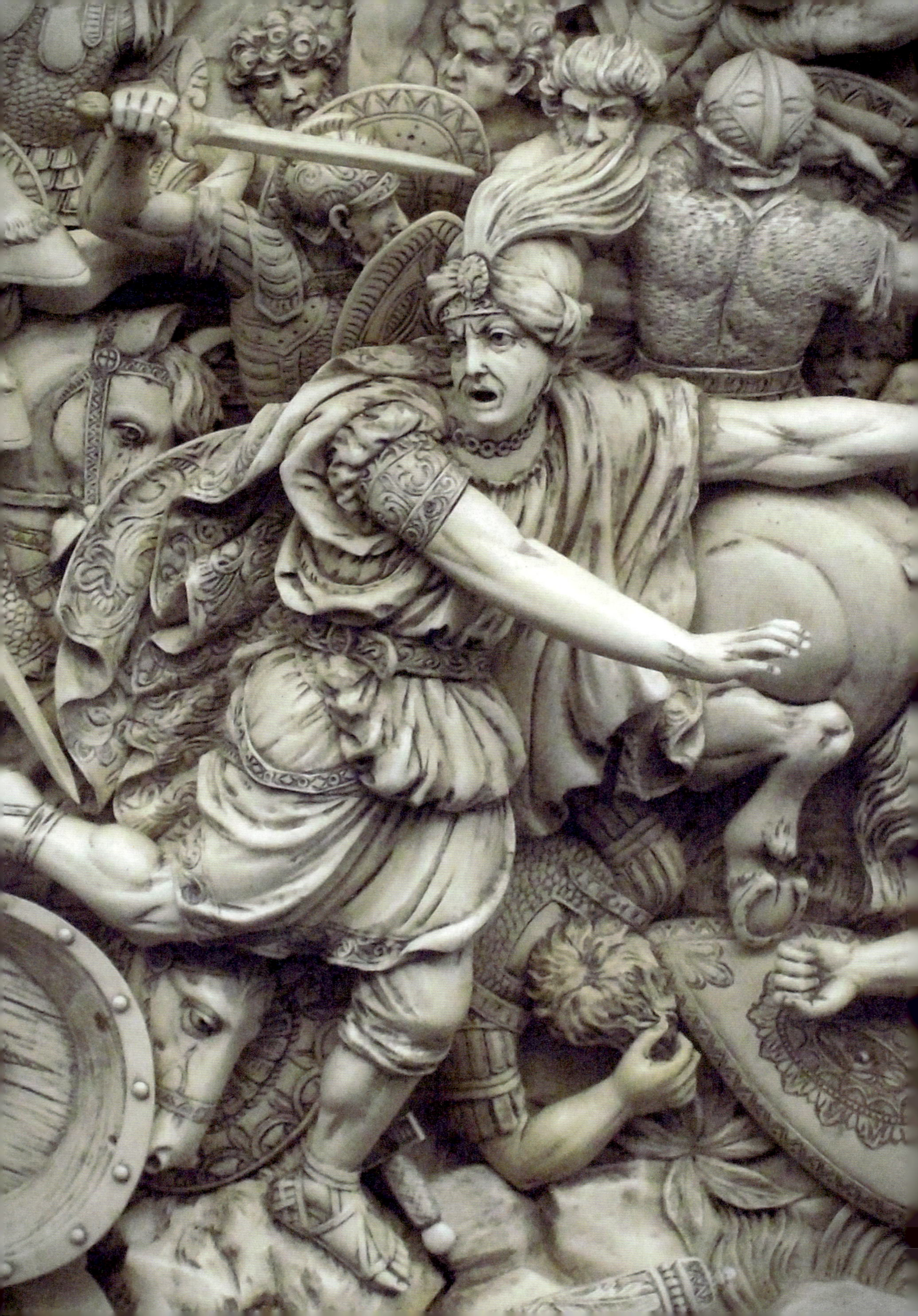

◀ 大流士三世在高加米拉战役中兵败而逃，导致波斯帝国阿契美尼德王朝走向灭亡

古代世界的丝绸

丝绸是古代世界人们梦寐以求的奢侈品，是财富和权力的象征，也是一种永远改变了欧亚大陆面貌的商品

迪伊·迪伊·谢内

2000多年前，一个巨大的贸易路线网出现了，将亚欧非三大洲连接起来。它从中国开始，穿过中亚，到达西亚的拜占庭（即君士坦丁堡），然后再向南到达地中海。这是一条连接东西方的贸易之路，也是一条东西方文化的交流之路，不同地域的文化、宗教和思想在这里交融。丝绸之路上的传奇城市撒马尔罕和波斯波利斯，它们的文化和传统相互影响、相互渗透，为彼此增添了新的色彩。丝绸之路沿线各国的风土人情、著名城市的种种传说，随着来来往往的商人流传开来。丝绸之路的出现，不仅使整个世界的贸易形式发生了巨变，也使社会模式和商业模式发生了巨变，从而引发了文化变革，人们与周围世界相处的方式大

大超越了以往。

"丝绸之路"这个名称的由来并不是偶然的。在西方,"丝绸之路"一词是由德国地质学家费迪南德·冯·李希霍芬男爵（Baron Ferdinand von Richthofen）在19世纪中期首次使用的,虽然使用时间不长,但却非常贴切。这条路线的起源植根于古代人们对丝绸这种神秘织物的需求,人们对它梦寐以求,都想得到它。今天,我们可能觉得丝绸是一种很常见的布料,但是在遥远的古代,在一个织物纤维都很粗糙的时代,丝绸达到了奢华的极致:柔软、细腻、闪烁着迷人的光泽,欧亚大陆的富人们穿上它尽显华贵。丝绸是采用古老而又复杂的工艺由蚕茧制成的,几个世纪以来丝绸的生产工艺一直都是令人垂涎的秘密。丝绸是一种价值不菲的商品,拥有它就意味着拥有地位、财富和美丽。谁能用得起如此奢华的布料,谁就能向众人展示出自己的优越;反过来,丝绸也反映着富人控制金钱、资源的能力,同时也表明他们可能有机会接触到制造这种奢华材料的工匠,或者他们了解这种奢华材料的制造工艺。争夺控制丝绸生产技术的战争持续了几个世纪,从亚历山大大帝到君士坦丁大帝,这些传奇领袖都在这场战争中扮演了重要角色。

有丝绸才有丝绸之路。公元前200—1400年,在这漫长的岁月里,丝绸不仅是商贸活动中的重要商品,也是促使亚欧大陆社会变革的催化剂。人们对丝绸的追求带来了丝绸之路,由此也带来了商品交易和思想交流,最终带来了社会变革。

丝绸出现后不久,就有了丝绸贸易。贸易路线从中国当时的汉朝首都长安开始,一步步向西延伸,逐渐发展起来。这条以丝绸贸易为主的路线,也就是丝绸之路,经由今中国境内的甘肃、新疆,到境外的中亚、西亚,一直连接着地中海沿岸各国。沿线的各大帝国——波斯、埃及、希腊和罗马都渴望得到丝绸。当时中国是一个以创造发明而闻名的地方,是一个人人向往的富足繁荣的国家。中国的名气越来越大,许多其他国家和地区也产生了购买中国商品的需求。

粟特人是讲伊朗语的一个古老民族,分布在今乌兹别克斯坦、塔吉克斯坦、哈萨克斯坦和吉尔吉斯斯坦地区。在1000多年的时间里,他们是丝绸之路上最精明能干的贸易商和中间商。从粟特到中国,再到拜占庭和印度,他们在这几千英里的路途上穿梭、交易。各地的商品货物、思想理念、风俗文明经他们带到西方,改变着西方。文学、艺术、宗教、数学、天文学,等等,正是这些人文和自然科学促成了后来欧洲文艺复兴的出现。在波斯帝国阿契美尼德王朝崛起期间,粟特人的领土遭到了激烈的争夺。公元前6世纪,粟特王国的首都撒马尔罕被波斯阿契美尼德王朝的居鲁士大帝征服;公元前4世纪又被马其顿王国的亚历山大大帝占领,这也意味着丝绸之路上的部分地区从由波斯人控制转为由希腊人控制,后来又被成吉思汗和帖木儿控制。撒马尔罕是丝绸之路上重要的枢纽城市,几个世纪以来一直是各国争夺

▲ 来自庞贝精灵之家（House of the Faun）的古罗马马赛克地画，展现了亚历山大大帝与波斯皇帝大流士三世之间的战斗场面

的目标。许多贵重商品，如青金石、玛瑙等珠宝，从这里中转，被带到波斯和西方；影响颇大的琐罗亚斯德教也是从这里传播出去的。粟特人制造丝绸的水平很高，西方的丝绸技术就是他们带过去的，他们发挥了重要作用。

公元前5世纪，丝绸之路从波斯的苏萨一直延伸到爱琴海畔的萨迪斯（Sardis，位于今土耳其境内）。这段丝绸之路是波斯皇帝大流士一世（也称作大流士大帝）重建的"御道"，沿途设有许多驿站和旅店，是贯通全国主要地区的交通网络，需要九天才能走完。各种货物，包括黄金、玉石，当然还有丝绸等其他商品，沿着这条路线进行贸易。这条道路向东一路延伸到中国，向西一路延伸到欧洲。因此，人们说正是大流士一世将东西方连接在了一起，各种文化相互交融，各方面知识广泛传播——大流士一世在位时期引入了阿拉米文字系统和硬币。

丝绸之路，这个发达的贸易网络促进了各国、各地区之间的交流与往来，反过来，各国、各地区之间的交流与往来也促进了丝绸之路上的贸易。

在大流士三世在位时期，希腊半岛北部马其顿国王亚历山大进军波斯，双方为控制这片领土展开了激烈的争夺战。亚历山大一路向东，于公元前330年攻占了波斯阿契美尼德王朝的心脏——首都波斯波利斯。最终，阿契美尼德王朝皇帝大流士三世被杀，由居鲁士大帝建立的阿契美尼德王朝宣告灭亡，原帝国所辖地区开始进入希腊化时代。之后几个世纪，这片土地上的社会文化面貌发生了巨大变化。

亚历山大大帝征服波斯之前，曾在博斯普鲁斯海峡（Bosporus Strait，又称伊斯坦布尔海峡，位于今土耳其伊斯坦布尔）一带扮演过重要角色。这里是传说中东西方交汇的地方，也是亚历山大后来征服中东的地方。公元前6世纪初，波斯帝国控制了拜占庭；5世纪初，拜占庭又回到了希腊的控制之下。这是丝绸之路历史上的关键点，因为谁控制了拜占庭及其周边地区，谁就控制了东西方之间的贸易路线，从而也就控制了最重要的丝绸贸易。这对贸易的准入非常重要，同时也能确保征收的税费对自己有利，确保贸易路线不会被对手阻断。亚历山大就是这样做的。在他30岁的时候，其控制范围从希腊一直延伸到东方的印度，他也将希腊文化带到了东方。

公元前326年亚历山大征服印度北部地区后，也将希腊文化带入印度。两种文化相互影响、交融，产生了佛教希腊化，并在印度地区传播开来。佛陀的艺术形象开始发生变化，不再仅以符号表现，而是更加拟人化。在表现形式上，希腊诸神对佛教神灵的影响越来越大，越来越明显。例如，希腊-巴克特里亚国王德米特里一世的保护神赫拉克勒斯对佛陀的保护神金刚手菩萨（Vajrapani）的形象就产生了影响。公元前2世纪，3万名佛教僧侣从高加索地区的亚历山大城出发，一路向南前往斯里兰卡，这两个地方在当时都属于亚历山大帝国。因此，随着亚历山大帝国在丝绸之路沿线的崛起，原有的区域之间和文化之间的界限变得越来越模糊。

罗马帝国皇帝奥古斯都·凯撒（Augustus Caesar）在位期间，即公元前27—前14年，中国丝绸在整个罗马帝国

▲ 这只绿色罗马玻璃杯是在中国广西一座东汉时期的古墓中发现的

丝绸之路上的贸易

在古代，各地的稀有物品是如何被世人所知的呢？

1世纪以后，随着古罗马人进入陆路和海路丝绸之路，奢侈品出现了，商品的种类也更加丰富了，丝绸之路呈现出前所未有的繁忙景象。这里有来自巴尔干、安纳托利亚（Anatolia，位于今土耳其境内）和埃及的金银和来自波斯的精美银器；中亚的地毯和盖毯等毛织品通常运往地中海地区和中国；因质量好、透明度高而备受赞誉的罗马玻璃远销到朝鲜半岛等地；西亚的葡萄籽被带到中国，中国有了葡萄种植，并出现了葡萄酒。

拜占庭帝国（也被称为"东罗马帝国"）皇帝查士丁尼一世（Justinian I，482—565）在拓宽贸易网络方面发挥了重要作用。由于与波斯人冲突不断，他尝试着向东寻找新的贸易路线。谷物在当时是重要商品，查士丁尼就在特内多斯（Tenedos，爱琴海岛屿）建造了一个储存谷物的粮仓，这样谷物在长途运输中就有了落脚点，特内多斯也逐渐发展成一个粮食中转枢纽，这里的谷物可以转运到君士坦丁堡及其他许多地方，谷物运输更加畅通。后来，纸张、火药、印刷技术等也沿着丝绸之路从中国传到西方，引发了西方社会各领域翻天覆地的变化，永远且不可逆转地改变了历史运行的轨迹。

非常受欢迎。丝绸源源不断地从中国流入希腊-罗马世界。然而不久，罗马-波斯战争爆发，波斯帝国萨珊王朝崛起，丝绸的流入戛然而止，这导致丝绸价格迅速上涨，而且即使出价再高也很难买到。作为一种身份和地位的象征，丝绸变得更加尊贵，更加令人向往，一向贪婪的罗马帝国很快开始觊觎丝绸生产的秘密和丰厚利润。

从公元前1世纪开始，古罗马人对丝绸的热情变得一发不可收拾，以至元老院（Senate，古罗马的政权机关）不得不制定法律法规加以控制，主要从道德和金钱两方面加以约束，古希腊学者斯特拉波、古罗马哲学家小塞内加（Seneca the Younger，公元前4—65）和古罗马百科全书式作家老普林尼都证实了这一点。首先说金钱方面。罗马帝国在提庇留（Tiberius，公元前42—37）统治时期制定了详细的"禁奢法"，也称作"节约法令"（Sumptuariae Leges），限制在宴会、服饰等方面的过度支出，政府在管理个人消费方面发挥了作用。有人说，金钱过于自由地从罗马流出，流向中国，流向其他地方，耗尽了罗马帝国的财富，也影响了罗马帝国的领导力和公信力。有人甚至认为这是西罗马帝国灭亡的原因之一。当年西哥特人（Visigoths）围攻罗马时，索要4000件价值不菲的丝绸衣服和大量黄金作为撤军的筹码。罗马帝国的财富就这样被逐渐消耗殆尽。另一方面，在制定这些法律时，道德也是一个考虑因素。1世纪，小塞内加在文章中写道："丝绸如此之

马尔马拉海

薄，穿上丝绸衣服的妇女几乎遮盖不住身体，根本没有什么体面可言；丈夫对妻子身体的了解并不比外人多，可这还被称为'衣服'，真是可笑。"实际上，早在公元前4世纪，在罗马帝国，是禁止普通男性穿丝绸衣服的。有些颜色也不能随便使用，如提亚紫，这种紫色仅限于上流社会和外交礼品使用，只有皇帝才能穿提亚紫的丝绸衣服。在拜占庭帝国，提亚紫这种颜色只用于给皇室用丝绸染色。

4世纪，君士坦丁重新统一罗马帝国后，将拜占庭作为罗马帝国的新首都。君士坦丁死后，拜占庭更名为君士坦丁堡。从5世纪中叶起，直到1453年被奥斯曼帝

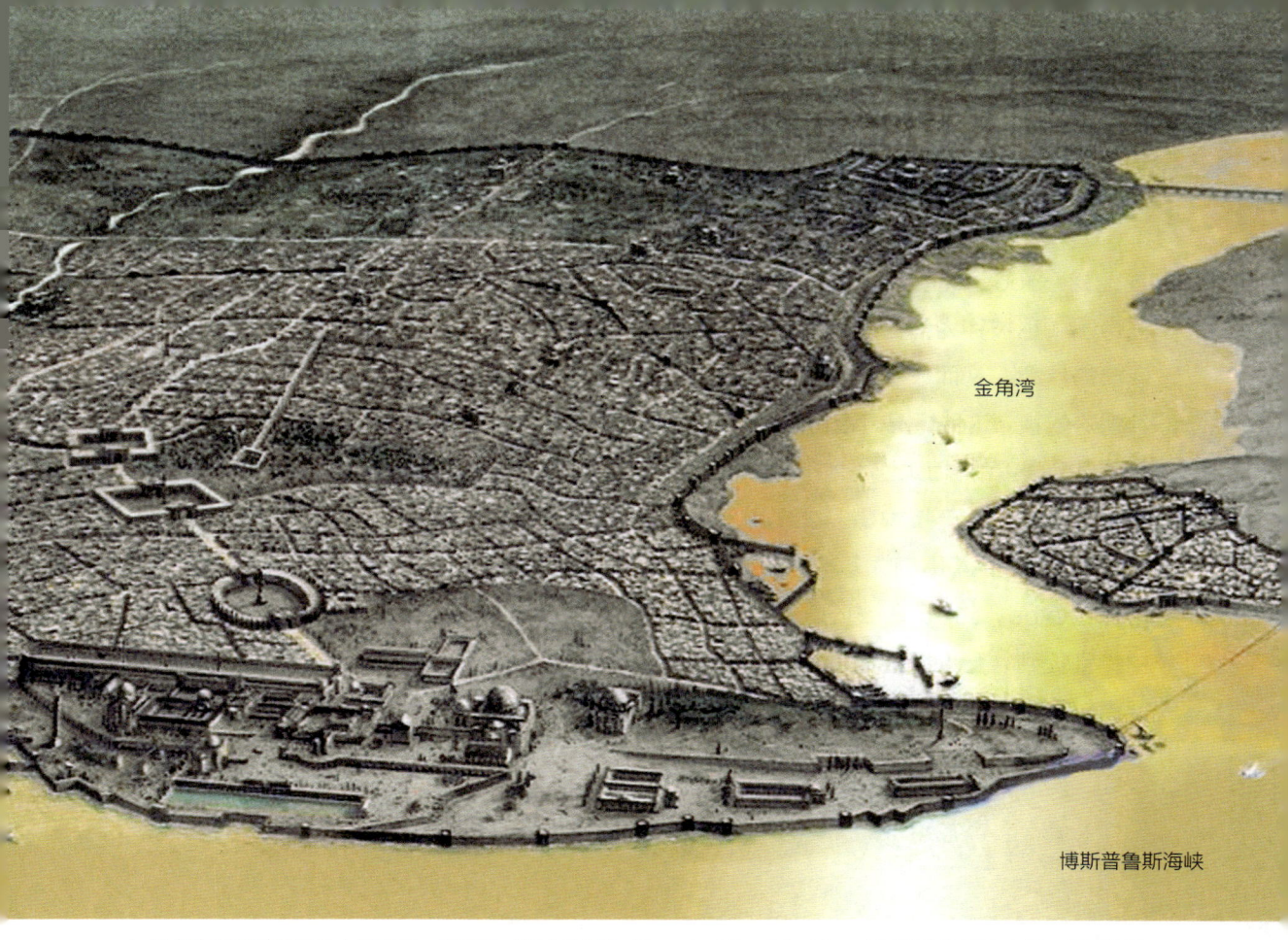

▲ 拜占庭帝国时期的君士坦丁堡。对面是"盲人之国"（Land of the Blind），之所以称为盲人之国，是因为这里的居民从未看到拜占庭所处的关键位置给他们带来的任何变化

金角湾

博斯普鲁斯海峡

国攻陷，这座城市一直是欧洲最大的城市，也是欧洲规模最大且最为繁华的城市。这绝非偶然：丝绸为控制丝绸的人带来了财富，毫无例外，拜占庭也因为丝绸而变得富足、强大。

当罗马皇帝查士丁尼掌权时，罗马妇女穿丝绸斯托拉（stola，古罗马妇女穿的外套）已经有几个世纪了，男子也穿丝绸衣服。丝绸是通过丝绸之路的陆路，经由帕提亚帝国和波斯帝国（萨珊王朝）从中国汉朝进口的。丝绸作为一种贸易商品，在运输过程中的形式是多样的：从生丝到布料，再到完整的丝绸服装都有。每增加一道工序，如染色、裁剪，其价值都会增加。值得注意的是，宗教对丝绸有禁忌。《圣经》倡导每个犹太公民都应该穿同样的衣服：无论贫富，无论身份高低，斗篷上都有提利蓝条纹，以表明他们是平等的；服装布料应限于低价的染色羊毛或亚麻布。这与古罗马人的理念有很大冲突。古罗马人认为服装应该反映身份地位，服装的面料、染色都应如此。在整个罗马帝国，服装的颜色和面料代表着一个人的身份和所处的社会阶层。由此可见，宗教与社会习俗之间的差别是如此之大。那么统治者查士丁尼是怎么做的呢？541年，查士丁尼下令罗马帝国的工厂控制丝绸生产，并对购买丝绸的人加以限制。

6世纪，丝绸生产技术终于传到了西方。527—565年查士丁尼在位时期，东罗马帝国（也被称为拜占庭帝国）开始生产自己的丝绸，从而改变了罗马帝国对进口丝绸的依赖。这种情况一直持续到15世纪东罗马帝国首都君士坦丁堡沦陷。

那么丝绸生产技术是怎么传到西方的呢？东罗马帝国历史学家普罗科匹厄斯（Procopius，约450—约565）在其著作中特别提到，查士丁尼大帝允许云游的印度僧侣到他面前讲话，僧侣们称，他们在云游途中学到了制丝技术，皇帝不需要再从波斯人那里购买丝绸了。他们还说，丝绸是由一种吃桑树叶的蠕虫吐的丝制造出来的，虽然蠕虫不可能活着到达皇帝这里，但只要用粪便覆盖虫卵，保持一定温度直到其孵化，就可以很容易地培育出蠕虫。僧侣们回到印度后，很快将蚕卵带回到拜占庭，并且孵化成功。据说丝绸技术就是这样传入罗马帝国的。还有另外一种说法。传说查士丁尼皇帝派两名僧侣到中国去找蚕卵，僧侣找到后用竹筒将蚕卵偷运了回

▲ 丝绸之路不仅是一条贸易之路，更是一条思想文化交流之路，一条连接东方与西方的友好交往之路

来。不过也有人说，蚕卵实际上是通过想与罗马结盟一起对抗波斯萨珊王朝的粟特人带来的。到了5世纪、6世纪，拜占庭帝国境内的君士坦丁堡、贝鲁特（Beirut）、安提阿（Antioch）、提尔（Tyre）和底比斯（Thebes）等地都在生产丝绸，拜占庭帝国开始控制整个欧洲的丝绸贸易，波斯和中国对丝绸的主导地位逐渐被削弱。但是，中国的丝绸仍被认为是质量最好的，而且有证据表明丝绸之路的贸易仍在继续，直到很久以后，在中国仍能见到作为礼品运送过来的罗马玻璃。

丝绸是拜占庭帝国最重要的产品之一。拜占庭帝国的丝绸不仅颜色众多，而且还织入金线和复杂的图案。通常有五种不同的丝绸织造方法，其中最奢华的是萨米绸（samite），这是一种织有金银线的六股丝锦缎，被认为是拜占庭丝绸中最贵重的类型。丝绸还是一种代表皇室的织物，在一些国家只有皇室成员才能穿丝绸衣服，此外，丝绸也是皇室的重要财产，皇室的各种支出、外交事务都需要丝绸，尤其是在4—12世纪期间，丝绸被用来支持意大利联盟。教堂也需要丝绸来制作服装和墙壁装饰。总而言之，丝绸是一种财富，是地位和权力的象征。

虽然这条连接亚欧非三大洲的商路以"丝绸"命名，但丝绸绝非商路上唯一的商品。这条贸易路线所经地区的各种物品在整个贸易网络中流动：从布匹和兽皮到香料和食品，再到金属制品和工具，再到金银珠宝、装饰品、艺术品，甚至出土

▲ 据说，3世纪的赫利奥加巴勒斯皇帝是第一位穿纯丝绸服装的古罗马人

文物和宗教物品，可谓五花八门、应有尽有，特别是调味香料，需求量很大，价格也很高。

丝绸之路不仅促进了各地区商品的流通和交易——人们可以获得梦寐以求的东西，还有更重要的意义：它的存在使思想和创新得以传播。丝绸之路的各条路线跨越了自然和人文的界限，跨越了高山、河流和地域差异；它们在自然界的各种地貌之间穿行，也在不同的社会环境中流动，使地方的、局域的文化接触到了更广阔的环境。

丝绸之路贸易网络带来了各地区之间的文化交流，促进了经济的发展和繁荣。

商品的物质性和概念价值

丝绸之路上商品的珍贵程度，是由其价值和不同地区人们对它们的认知决定的

丝绸是一种非常受欢迎的织物，也是欧洲贸易路线发展的主要原因之一。虽然丝绸贸易很早就开始了，但在后来的几个世纪里，人们对丝绸的生产工艺却一直不了解。远道而来的物品蕴含着各种价值。就其物质性而言，它们含有原材料的成本、开采和生产成本、劳动力成本（包括工时成本、技术和材料的成本、监管人员成本）。在这些显而易见的成本之下它们还蕴藏着一种隐蔽的东西——概念价值。从无可替代的传家宝到宗教圣物，一件物品包含的价值远远大于其本身价值，这与物品的使用者赋予它的意义有关。这就如同现代的名牌商标，名牌产品的价值远远高于产品实际的制造成本，因为品牌本身具有价值。古代世界也是如此，丝绸之路上的商品如果被赋予了这样或那样的意义，它的价值就会成倍增长。

▲ 即使后来西方也生产丝绸，中国的丝绸仍保持着尊贵的地位，这是因为远距离运输和中国丝绸的象征意义赋予了它更高的价值

为了在丝绸之路经过的不同地区进行商品交易，商人们需要学习当地的语言，了解当地的习俗：当地人的需求、相关禁忌以及做生意所需要的礼仪；随之而来的是知识的交流：数学、天文学等自然学科，以及文学、诗歌和艺术等人文学科，都在此交汇；建立水利灌溉系统等农业方面的知识也传入一些地区。

说到贸易，我们通常会想到商人，商人会利用贸易路线做生意，进行商品交易。不过，除商人外，其他人也利用这些路线做自己想做的事情，如一些人收集各地的奇珍异宝；一些朝圣者和宗教团体通过这些路线前往神圣的目的地，如一些中国佛教僧侣前往印度收集圣典；还有一些虔诚的教徒利用这些路线传教，劝说他人皈依自己信仰的宗教。在丝绸之路上，基督教和伊斯兰教的交融是最显著的。随着拜占庭帝国的兴衰，古罗马人执政时期的君士坦丁堡变成了土耳其人执政时期的伊斯坦布尔，同一座城市，先后由信仰基督教的古罗马人和信仰伊斯兰教的土耳其人统治，两种宗教的交融是必然的。此外，许多其他宗教也沿着丝绸之路传播，如印度教、佛教及琐罗亚斯德教等。与那些有目的地将自己的宗教思想带到新地方的传教士和朝圣者不同，接触到新文化、新思想、新宗教的旅行者，会不知不觉地受其影响，不知不觉将其带回到自己的家乡或传播到其他地方。由此可见，丝绸之路是文化交流的主要枢纽。

然而，有潮起就有潮落。丝绸之路的繁荣并没有一直持续下去。人们沿着丝绸之路穿梭往来时，也夹带着病毒与细菌。542年，鼠疫肆虐君士坦丁堡，并沿着海陆贸易网四处扩散……丝绸之路从此辉煌不再。丝绸之路是贸易、知识、信仰和文化的大熔炉，是社会进步乃至变革的催化剂，打通了东西方，构建起世界交通路线大网络。丝绸之路的力量是强大的，它永远地改变了东西方乃至世界的面貌，这一点至今毋庸置疑。

电影《夺宝奇兵3》（*Indiana Jones and the Last Crusade*）于1989年上映之前，佩特拉（Petra，约旦古城）在西方并不为人所知。现在，每年有成千上万的人来这座古城游览。

乳香和没药

佩特拉，古代纳巴泰王国（Nabataean Kingdom）跳动的心脏，丝绸之路上富庶的贸易枢纽，曾经充满活力的城市，转瞬间已经在历史的长河中消失了几百年。这个神话般的地方究竟有着怎样的故事，为何长期以来一直默默无闻？

杰姆·杜杜库

苏格兰艺术家大卫·罗伯茨（David Roberts）分别于1838年和1839年两次访问中东，并用画笔描绘了佩特拉，但是20多年后这座失落之城才引起欧洲人的注意

佩特拉位于现在的约旦阿拉巴河谷（Arabah Valley），距离约旦首都安曼（Amman）几小时的车程。佩特拉的故事跟两个关键因素有关。首先是它所处的地理位置。说到佩特拉，不得不说埃及，因为当时它在埃及的管辖范围内。埃及曾经是一个疆域辽阔、富裕强大的国家，并不是因为它的资源丰富，而是因为它的社会组织结构严密；另外，尼罗河每年泛滥的河水，造就了河两岸肥沃的土壤，这里成为地中海的粮仓。与其他社会一样，古埃及既有少数非常富有的人，也有由商人和工匠等组成的有可支配收入的中产阶级。

那么，他们把钱都花到哪里去了呢？大约5000年前，美索不达米亚的贵族妇女可能是最早发明并涂抹口红的人。她们还把宝石碾碎，用来装饰脸部，主要是嘴唇和眼睛周围。此外，来自古埃及的图像显示，无论男性还是女性，他们都使用黑眼妆，这在今天看来可能有点不同寻常，但在当时却是标准配置。大家能猜到了吧，古埃及富人和中产阶级的钱有一部分花在了化妆品上。

香水在奢侈品和时尚用品界一直扮演着重要的角色，和化妆品一样有着悠

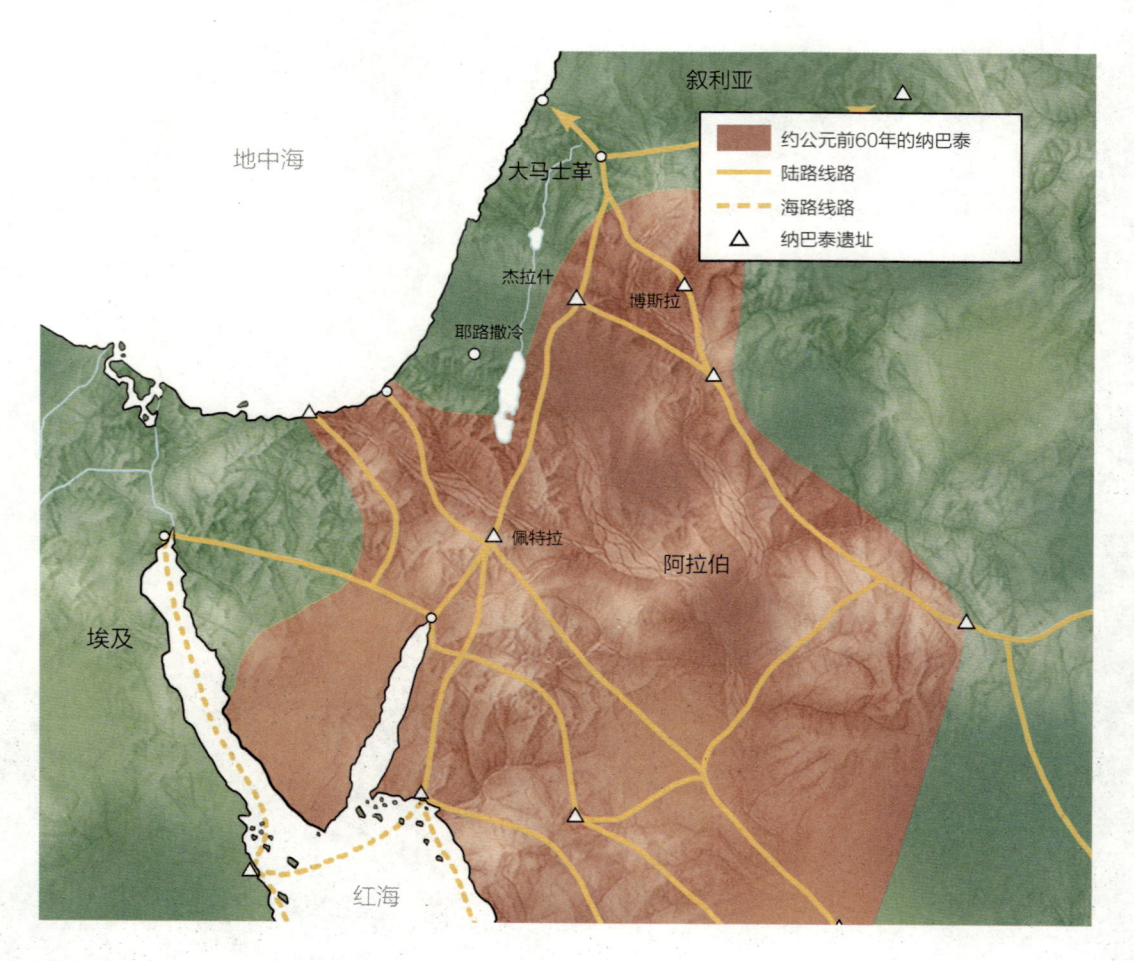

久的历史。关于香水的最早记载是在公元前1200年左右，也是在美索不达米亚地区。据说一位名叫塔普蒂（Tapputi）的妇女将香脂和没药混合在一起调制出一种香，这种香被贵族用来做香水，宗教仪式上也选用这种香作为熏香，它还被用到其他许多方面，用途非常广。

这就引出了"丝绸之路"。从名称上我们可以看到，这是一条特定的路，它从东一直向西延伸，反之亦然。事实上，丝绸之路是成千上万的商人所使用的多条路线的总称。这些商人从遥远的中国出发，穿过辽阔的中亚草原，进入中东，最终到达欧洲。

丝绸之路沿线，无论哪个地区都有商品贸易的证据。古埃及法老图坦卡蒙面具上的亮蓝色宝石是来自阿富汗的青金石；埃及最早的丝绸是在帝王谷的一具木乃伊身上发现的，它来自中国，可以追溯到公元前1070年；小亚细亚黑海沿岸部落妇女的头巾是用印度的染色丝绸做成的……丝绸之路这条贸易之路改变并改善了沿线地区人们的生活。

公元前5世纪波斯帝国修建了横跨亚洲近1800英里长的御道，进一步巩固了丝绸之路的贸易；公元前4世纪亚历山大大帝向东发起的一次次战役，进一步加强了东西方之间的联系，佩特拉也正是在此时成为纳巴泰王国的首都。

> 没药贸易已有千年历史。没药看上去像树脂，但是我们更常见到的是没药油，有时也称为没药酊。

佩特拉的地理位置决定了它是一个具有重要战略意义的城市，这也是它成为丝绸之路上重要贸易枢纽的原因，以及为什么它至今仍作为重要的考古遗址存在的原因。通常来讲，一座城市能在沙漠中长久存在是很难的。但是，如果这个城市有水源，并且由于它是多条贸易路线的交汇地而能从中获利，那么它的成功就是必然的，人们为之付出的努力也是值得的。佩特拉就是这样一座城市。

佩特拉人非常聪明，他们从经由这里运往地中海沿岸各港口的众多货物中发现了商机，于是开始从事商品贸易，从中获利，主要从事香料、贵金属、丝绸、象牙等商品的贸易，这些商品来自中国、印度和波斯。随着商品贸易的繁荣，他们逐渐

佩特拉的建筑实际上是洞穴，只有外墙是通常意义上的建筑结构

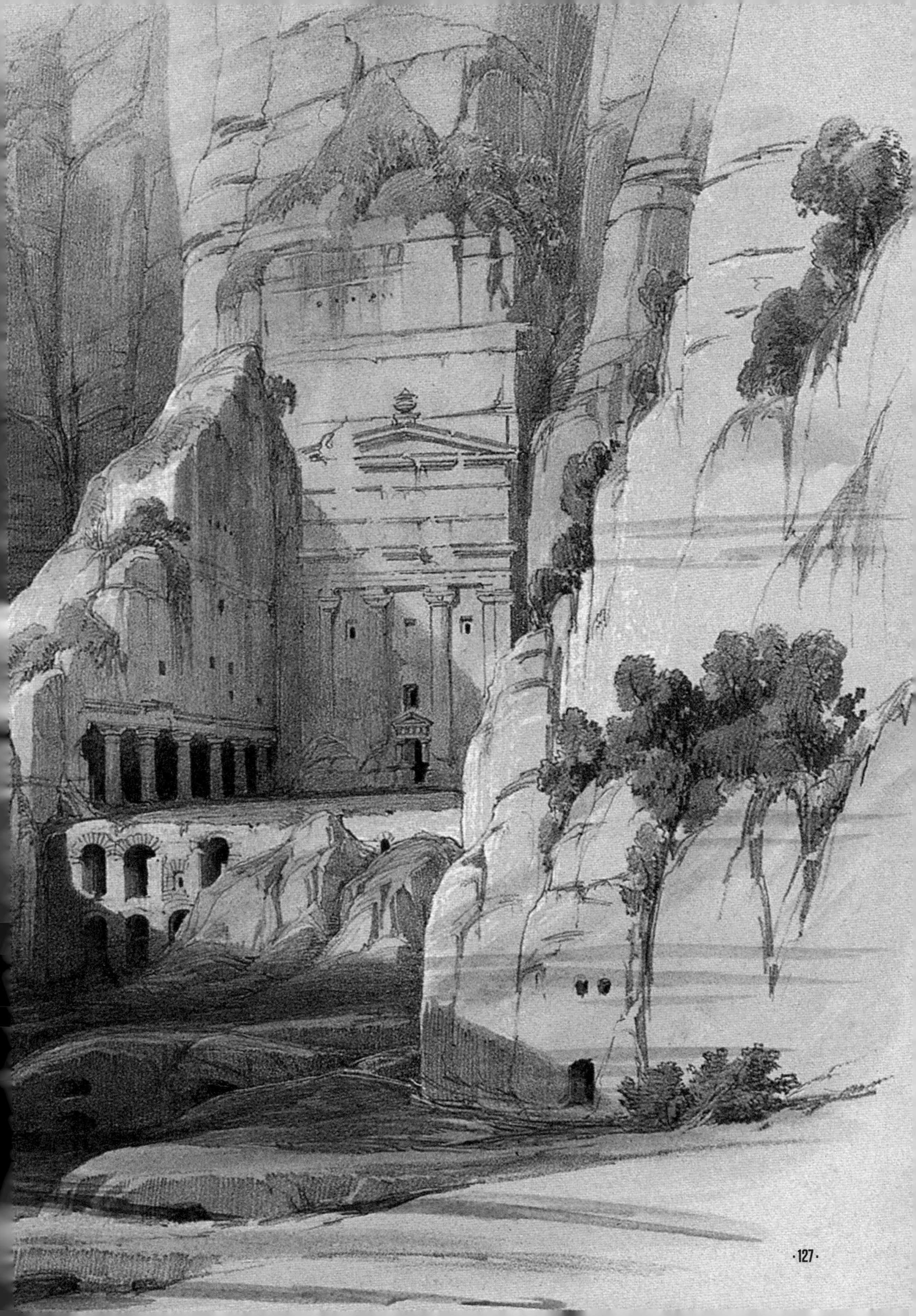

垄断了当时两种主要奢侈品的市场。由于消费者的需求源源不断，财富也滚滚而来，流入佩特拉的金库。以上是佩特拉故事中的第一个主要因素。

佩特拉故事的第二个主要因素是纳巴泰王国的诞生和演变，这是一个更宽泛的因素，但与第一个因素不无关系。可令人遗憾的是，虽然佩特拉这座古城有许多刻有文字的石壁，但是与古城历史有关的内容非常有限。虽然我们从钱币、碑文和其他考古发现中获得了许多信息碎片，但却没有发现充足的关于王国本身的历史记录或文学作品。事实上，我们所知道的大部分信息都是外人写的，他们都是出于个人需要介绍纳巴泰，因而可信度不高，学术界在许多方面都没有达成共识。

从地质学上讲，佩特拉古城的地势地貌非常险峻。它位于一条狭窄的峡谷内，抬眼望去，周围到处是粉红色砂岩，这些砂岩形成的山丘将古城围在中间。今天我们环顾古城四周，不由得心生感慨，在这光秃秃的地方，古代文明的贸易社会似乎不可能生存，更不用说繁荣富强、成为国际大都市了。但是，在山谷中心，在这座曾经风光一时的城市的废墟中，有一条延绵数英里的地下水水渠遗迹，可能正是这条水渠滋养着这座城市。严格来讲，这座城市中的建筑并不是通常意义上的建筑，更像是洞穴，它们都是从岩石中雕凿出来的。城市中高大雄伟的殿堂——宫殿、庙宇、剧院等排布在周围山崖的岩壁上，门檐相间，殿宇重叠，十分壮观；还有开凿于岩石中的坟墓，这些墓由粉色砂岩制成，也掺杂着一些其他颜色；这里还发现了喷泉和花园的遗址。佩特拉是古代东西方之间的十字路口，是一座骆驼商队云集、市集热闹的城市。在2000多年前的鼎盛时期，约有3万人居住在这里。

历史上的纳巴泰王国的领土覆盖了现代的许多国家和地区，其中包括埃及西奈半岛沙漠、巴勒斯坦和以色列南部、约旦大部分地区以及沙特阿拉伯北部的一小部分地区。该王国由贝都因部落联盟（Bedouin tribes）组成，他们是游牧民族，依靠骆驼和马群在该地区纵横驰骋，寻找草原。

贝都因人的历史是口口相传的，这个名字本身是阿拉伯语的音译，意思是"沙漠居民"——非常恰当的一个名字。

游牧部落的生活是艰苦的、不稳定的。贝都因人游牧部落有时会袭击沙漠边缘地区的哨所以获取一些物资，来补充朝不保夕的生活。有时，他们受雇保护商路上的

卡兹尼神殿（Al-Khazneh，又称"宝库"）可能是佩特拉古城最著名的景点。

贝都因游牧民族在探索佩特拉遗址

商队，有时则袭击商队。随着该地区来往人员和车辆的增加，贝都因人也越聚越多，并固定在某一地区生活，形成了永久性的贝都因人定居点，他们是纳巴泰王国的基础居民。

与贝都因人不同，纳巴泰王国首都的佩特拉人说的不是阿拉伯语（甚至不是阿拉伯语的早期版本），而是一种早期闪米特语，似乎与美索不达米亚的阿卡德语（Akkadian）和北方的新亚述语有很多共同之处。但是，无论语言的局限性有多大，贸易语言都能克服一切障碍，并磨练出具有商业头脑的人才。处于贸易中心的纳巴泰王国不断发展壮大，彼时，该地区的地缘政治也发生了巨大的变化，主要是南部的古埃及和北部的波斯帝国之间军事冲突频繁，导致势力范围发生了变化，佩特拉在此过程中获益匪浅：他们垄断了古代世界的超级奢侈品——乳香。

乳香本质上是植物的汁液，它来自一种生长在炎热、干旱环境中的灌木。这种灌木在恶劣环境中的生长能力非同一般，甚至可以从坚硬的岩石缝隙中生长出来。炎热、干旱是阿拉伯半岛和非洲之角的气候特点，而佩特拉正位于该地区，并且是重要的贸易中心，因此它成了乳香的天然产地。

> 塔普蒂虽然不是来自著名的香料贸易中心佩特拉，但她是世界上第一位女性调香师，被认为是人类历史上第一位化学家。

最早的乳香出现在埃及第十八王朝女法老哈特谢普苏特建造的一座神庙中。哈特谢普苏特死于公元前15世纪，由此可以看出乳香的重要性和古老历史。鉴于这种情况，乳香很可能来自邦特（Punt，位于非洲东海岸的索马里和厄立特里亚），虽然其确切位置仍有争议，但大致位于非洲之角地区。

如前所述，乳香被富人用于香水中，也被虔诚的宗教人士用作熏香。它稀缺、罕见，是一种非常昂贵的商品。对乳香的垄断使佩特拉变得更加富有。

接下来我们聊聊没药。虽然佩特拉没有垄断没药贸易，但它却是没药贸易的中心之一。没药具有活血散瘀、消肿生肌的功效，是一种天然的杀菌剂，因此几千年来一直受到人们的重视。没药提取自一种名为"Commiphora"的多刺树木，这种

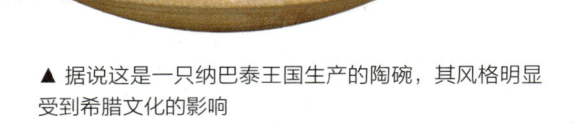

▲ 据说这是一只纳巴泰王国生产的陶碗，其风格明显受到希腊文化的影响

树木主要生长在非洲之角的索马里、埃塞俄比亚及阿拉伯半岛南部等地。值得注意的是，没药一定是丝绸之路上的一种重要商品，因为它是一味中药，是中国传统医药之一，至少有上千年的历史。

现在，我们回到纳巴泰的首都佩特拉。这座城市的主要入口是一条天然峡谷，这条峡谷将高耸的岩石劈开近一英里宽。穿过峡谷，映入眼帘的是佩特拉最著名的景点卡兹尼神殿，或称"卡兹尼宝库"。

之所以被称为"宝库"，据说与神殿外墙中心圆形建筑顶部的大瓮中贮藏的财富有关。实际上，通常认为这是纳巴泰国王阿瑞塔斯四世的墓葬。这座宏伟建筑正面的雕像明显与古罗马和希腊的异教神有关，表明即使在罗马帝国之外，希腊-罗马的多神教也依然存在。同时，它也提醒人们，纳巴泰王国有能力通过贸易在许多国家和地区传播他们的思想文化等软实力，同时，贸易也带回了包括宗教在内的其他地域的思想文化。

佩特拉虽然有天然峡谷保护，但防御能力薄弱，而它又非常富饶，因此显而易见地成了被攻击目标。但是它又难以被征服，这似乎有些出人意料。让我们看看究竟是怎么一回事吧。实际上，整个纳巴泰王国都处于沙漠地带，气候干燥，山石林立，土壤贫瘠，都城佩特拉当然也不例外，因此即使一支庞大的军队去征服这沙漠上的荒芜之城，也总是会因缺水而撤退。而长年居住在沙漠中的贝都因人擅长骚扰入侵的敌人，然后躲藏起来，让炎热和缺水对抗敌人，替他们作战。他们自己则隐蔽在有水的地方补充给养，保持体力。这真是一种简单有效的策略。公元前1世纪的希腊作家狄奥多罗斯（Diodorus）写道："无论是古亚述人，还是米底人和波斯人，抑或是马其顿人，都没能奴役纳巴泰人……这些人的企图从未得逞过。"他还说，纳巴泰人"特别喜欢自由"。

> 乳香通常以干树脂的形式出售。在阿拉伯半岛，乳香的交易历史至少有6000年。

▲ 这是一盏1世纪的古罗马油灯，可能来自佩特拉

简朴的民居让我们看到了佩特拉古城中人们生活的一面

位于岩石崖壁上的代尔修道院

2007 年，为寻找"新"的世界七大奇迹，全球进行了一次投票，佩特拉古城入选。具有讽刺意味的是，佩特拉本来有资格入选最初的世界七大奇迹。

需要指出的是，纳巴泰王国曾与许多入侵者作战，并在多位国王的统治下不断扩张。这并不是说他们每战必胜，但他们的实力确实不可小觑。纳巴泰人曾多次与波斯人交战，但最终导致他们灭亡的是不断壮大的罗马帝国。虽然没有关于纳巴泰军队在该地区有过大规模作战的历史记载或口头传说，但我们确实知道，105 年纳巴泰王国出现了古罗马人的军事前哨，此后该地区被称为阿拉比亚（Arabia Petraea）。之后第二年，即 106 年，纳巴泰最后一位国王拉贝尔二世（Rabbel II）去世。拉贝尔二世有一位继承人，但从未登上王位，很可能是因为他不够强势。此后，纳巴泰越来越依赖不断强大的罗马帝国。最终，纳巴泰王国被罗马帝国以和平的方式接管，而不是通过武装力量。

虽然阿拉比亚不是罗马帝国最东边的领土，但绝对是一块边疆之地。统治层的更迭以及领土并入罗马帝国最终导致佩特拉古城的消亡。随着时间的推移，贸易路线发生了变化，这里不再是贸易中心，往日的繁华景象已不复存在，佩特拉城的人口也越来越少。363 年，一场灾难性的地震摧毁了城中的水利系统，给佩特拉带来了毁灭性的打击，这座城市再也不适合居住。佩特拉最终失落了。

佩特拉没有倒在刀剑之下，也没有被野蛮部落夷为平地，它是被遗弃的。由于佩特拉地理位置的隐蔽性，在近两千年的时间里，几乎无人知道它的存在。几个世纪以来，唯一的访客就是那些利用佩特拉

·135·

的隐蔽性和与世隔绝的特点的盗贼，以及为数不多的居住在那里的贝都因人。

1812年，一位名叫约翰·路德维希·布克哈特（Johann Ludwig Burckhardt）的瑞士冒险家被佩特拉古城的传说吸引，内心充满了对这座"沙漠中的失落之城"的向往。他甚至假扮成阿拉伯的酋长，说服当地导游带他参观佩特拉遗址。20世纪80年代，佩特拉古城遗址被联合国教科文组织列为世界遗产，生活在那里的几户人家被安置到其他地方。

总体来讲，佩特拉并不是一座大型城市，在当时也不是以其宏伟壮观而为人所知。与另一座古城以弗所（Ephesus，今土耳其境内）相比，佩特拉无论在规模上，还是在雕像和建筑的质量上都相形见绌。然而，佩特拉保存完好、雕刻在岩壁上的精美华丽的建筑外墙使其独具特色，成为一座令人惊叹的、独一无二的岩石古城。佩特拉的地理位置造就了它，也正因为其独特、隐蔽的地理位置，这座古城才能历经风雨保存下来，为后人留下一笔宝贵财富。

地下墓室

2003年考古发掘开始时，在卡兹尼神殿地表下6米处发现了4座带有山墙式外墙的墓室。根据墓葬中的骨头碎片，考古学家确定它们是公元前1世纪的。

了解卡兹尼

瓮
圆锥形的瓮如今看起来有些破旧。当地的贝都因人深信瓮中藏有宝藏，经常用枪向它射击，导致瓮的外表坑坑洼洼。

浮雕的损坏
卡兹尼神殿外墙上的人物浮雕是8世纪圣像破坏者损坏的。

外墙
卡兹尼神殿的正面外墙高39.6米，宽28米。古典风格的神殿采用了科林斯式圆柱，柱头上有细致的浮雕，刻有狮子、麒麟和神像。

砂岩
佩特拉特有的红粉色砂岩富含铁和锰矿物，正是这些矿物质使岩石呈现出炫目的红粉色。岩石上还散布着从黄色到棕色不等的多条矿脉。

地面标高
卡兹尼神殿有地下墓室，这些地下墓室是怎么建造的呢？实际上地下墓室不是特意建造的。当纳巴泰人的大坝被水冲垮时，佩特拉地区就会出现山洪暴发。几个世纪以来，在洪水中沉积的石头和沙子逐渐将地面抬高了六七米，达到了今天这个高度。

钻孔
卡兹尼神殿外墙两侧各有一排钻孔，考古学家猜测这些孔洞可能是用来搭建楼梯或脚手架的，以便建筑工人从工作平台爬上爬下。

1 杜沙纳神庙

也被称作"法老女儿宫",是这座城市的主要神庙。人们认为这里是纳巴泰神杜沙纳(Dushara)和乌扎(al-Uzza)的祭拜中心。

2 代尔修道院

佩特拉最大的遗址。它坐落在阿德代尔(ad-Deir)山顶之上,是沿山劈凿成的一座神殿,被认为是为纪念国王奥博达斯一世(King ObodasⅠ)而建。

3 方尖碑墓

方尖碑墓因其墓室上方有四个方尖碑而得名,位于宴会厅(Triclinium)的正面上方,据说是墓室建成很久之后劈凿出来的。

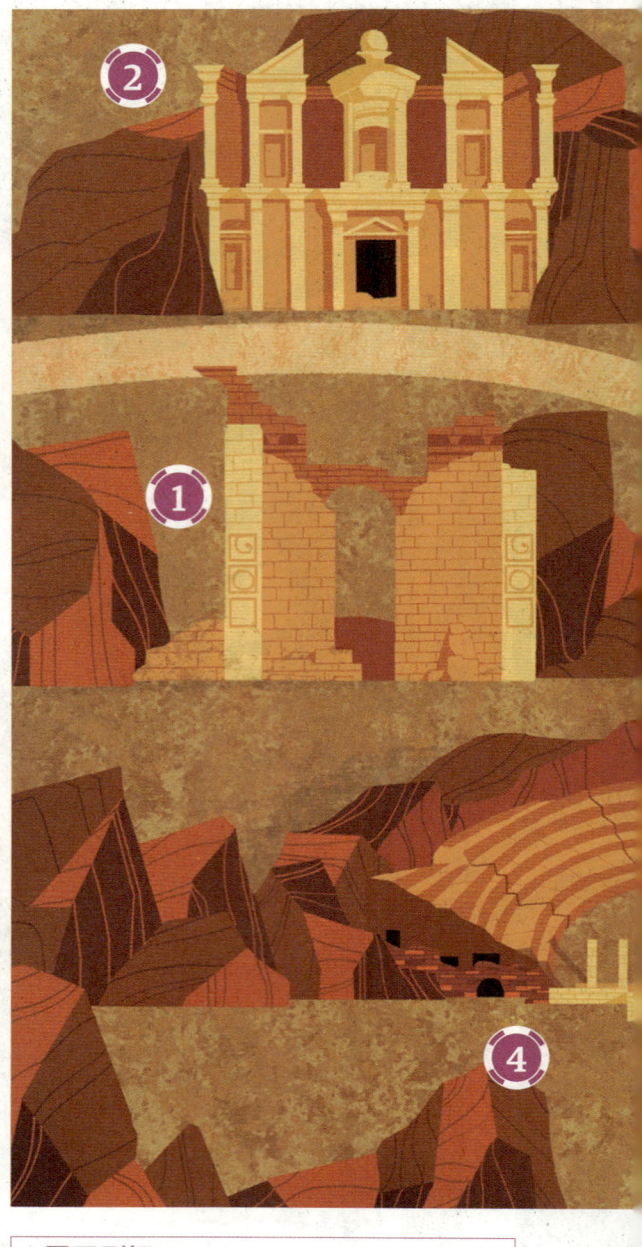

4 露天剧场

全世界唯一一座从岩石中开凿而成的剧场。剧场完全遵循罗马的设计风格,但采用的是纳巴泰建筑形式,整个建筑是依着地势由岩石凿刻而成的。

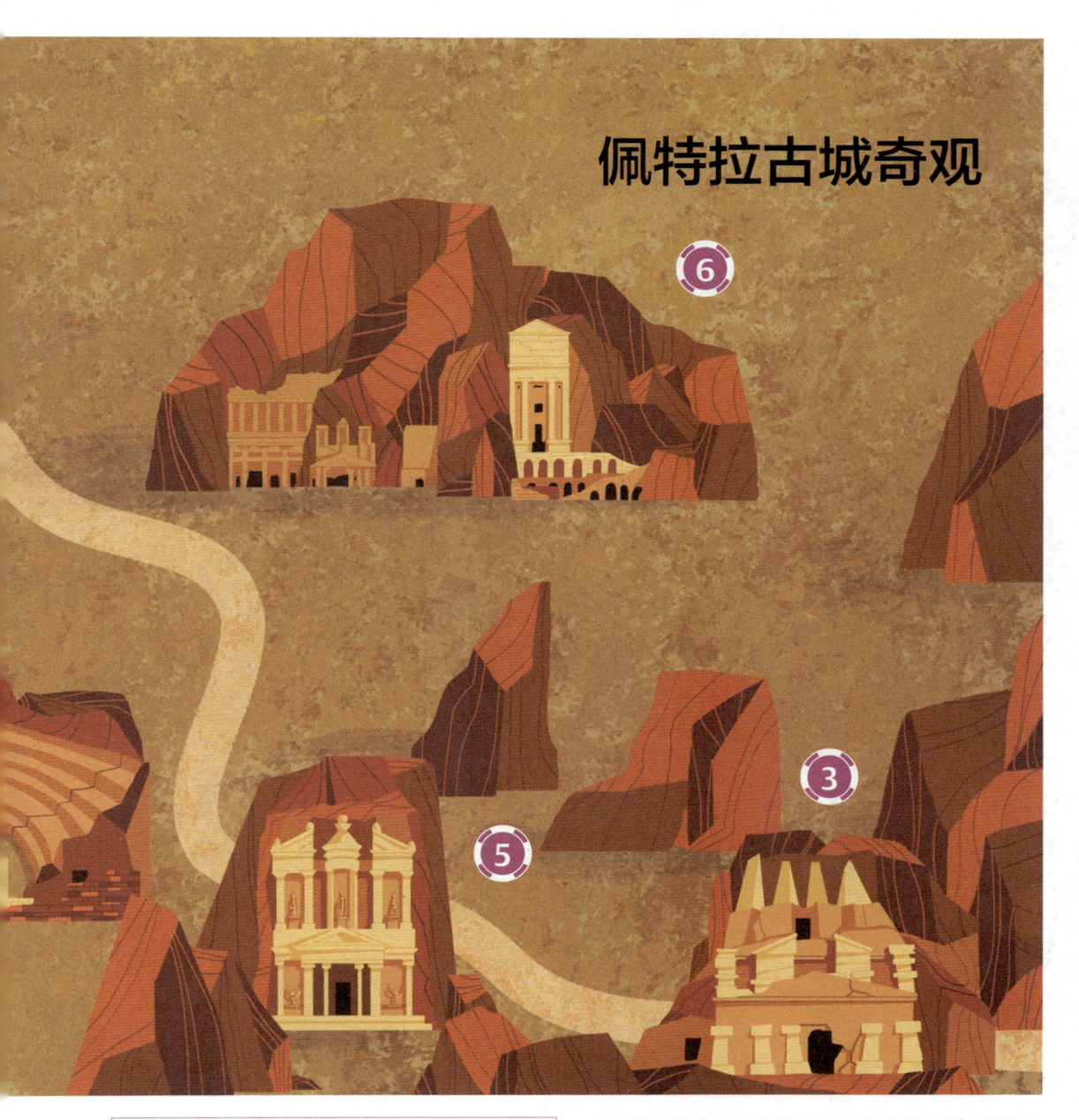

佩特拉古城奇观

5 卡兹尼神殿
佩特拉最宏伟的建筑，有高大的廊柱和精致的细部雕刻。考古学家推测，这里是国王阿瑞塔斯三世或阿瑞塔斯四世的墓葬，也是祭祀君主的地方。

6 瓮墓
瓮墓是在阿尔－库布塔山（al-Khubta）山腰上凿刻出的多层墓冢，是皇家墓冢群。它依山开凿，宏伟壮观，从这里可以俯瞰佩特拉古城独具特色的"柱廊街"。

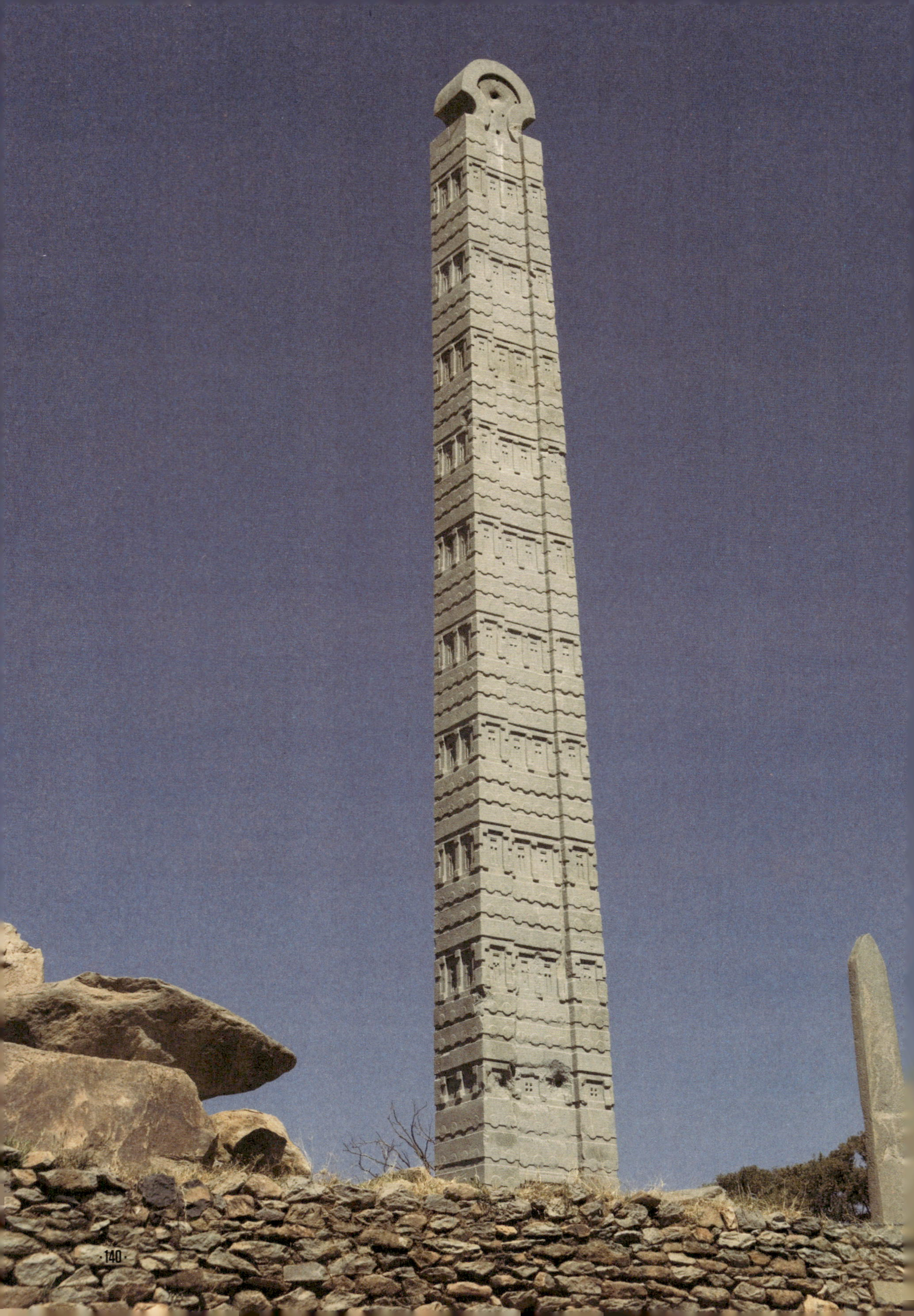

◀ 阿克苏姆一项奇特的遗产是巨大的花岗岩方尖碑，这些方尖碑是为了纪念已故国王而建造的

阿克苏姆王国

阿克苏姆王国位于西方世界和亚洲之间，地理位置独特，是撒哈拉以南地区罗马帝国和波斯之间最强大的国家

哈雷斯·布斯塔尼

公元前1000年，撒哈拉以南的非洲处于大迁徙状态。阿拉伯人跨过红海，与库希特（Kushite）农民一起定居下来，并带来了闪米特文字，改变了那里的面貌。他们沿着非洲之角建立贸易定居点，购买象牙并通过印度洋运往波斯和更远的东方，同时带回了纺织品、香料和丝绸。

阿克苏姆城建于1世纪，位于现代埃塞俄比亚的北部高原。由于每年有两次雨季，这片土地草木茂盛、土壤肥沃，很快就吸引了大批南方人来到这里。他们耕田犁地，养牛养羊，在此定居下来。这里一年中有长达九个月的时间山坡上都生长着一种埃塞俄比亚特有的富含营养的谷物——苔麸，这种谷物甚至在没有雨水的干旱情况下也能茁壮成长。这里森林茂密，盛产木材，这些木材大多用于制作木炭。阿克苏姆人勤劳能干，他们在山顶修筑了梯田，开凿了运河，建造了水坝和蓄水池……阿克苏姆城建立后不久，一位来访

▲ 阿克苏姆城的第一座教堂是锡安山圣母玛利亚教堂（Cathedral of Our Lady Mary of Zion），教堂里有一本用盖兹语写成的羊皮《圣经》，距今已有1000年的历史

的希腊人将这座城市描述为"大都会"，可见当时的阿克苏姆城是多么繁华。

据当地人讲，该地区的原住民是讲尼洛-撒哈拉语（Nilo-Saharan）的库纳马人（Kunama）。最初，他们与闪米特人一起生活在阿克苏姆，后来被驱逐到西部地区。Aksum（阿克苏姆）这个名字可能就是从Kunama（库纳马人）一词演变过来的。随着城市的发展，阿克苏姆城形成了自己的文明，并且视野越来越开阔，开始向外拓展。

阿克苏姆人与罗马帝国、南阿拉伯、印度甚至中国都有贸易往来。虽然从阿克苏姆城到红海沿岸的阿杜利斯（Adulis，位于今厄立特里亚北部红海岸边的一座古城）路途遥远，步行需要12天，但是他们的贸易往来非常频繁。阿克苏姆人的财富不断增长，他们越来越强大。自然而然地，阿克苏姆政权开始支配邻国，并将其政治范围扩展到红海，在那里充当进出非洲的奢侈品的守门人。2世纪中叶，一位希腊地理学家说阿克苏姆是"国王的宫殿所在地"，其中心地位和繁华程度可见一斑。

阿克苏姆城建立的时候，罗马帝国攻占了埃及，商品贸易也来到这里。位于埃及北部的阿克苏姆自然而然地加入了贸易的行列。红海地区是唯一能满足罗马帝国对香料、象牙、肉桂、胡椒、棉布、铁和钢需求的地方。古罗马作家小普林尼（Pliny the Younger，约61—约113）提到，这里的商品中也有奴隶、河马皮和猿。3世纪，随着罗马帝国势力的衰落，东非和印度洋的贸易路线被阿拉伯人和波斯人控制，红海沿岸一直到瓜达富伊角（Cape

Guardafui）则由阿克苏姆人控制。

　　随着在红海地区贸易地位的日益崛起，阿克苏姆开始铸造金币、银币和铜币，成为第一个在撒哈拉以南地区有自己钱币的王国。早期的钱币上饰有月牙和圆盘，这可能是受该地南阿拉伯文明的启发。金币是按照罗马帝国重量标准铸造的，并饰有希腊文，专门用于国际贸易；银币和铜币上装饰着闪米特人的盖兹文字。一位波斯宗教领袖将此时的阿克苏姆称为世界四大帝国之一。

　　阿克苏姆人通过纪念性的方尖碑来彰显自己的威望。方尖碑是为了标记皇家墓地而建造的。方尖碑的雕刻是一层一层的，类似于多层建筑，这是对生活在三层石制宫殿中的王室成员的最好礼赞。近120座方尖碑点缀着皇家墓地，在石墓上方若隐若现，并配有假门和马蹄形砖拱门。最大的方尖碑高约33米，由一整块重达550吨的花岗岩雕刻而成，是古代世界最大的巨

▲ 阿克苏姆最大的花岗岩方尖碑高33米，由一整块花岗岩雕刻而成

▲ 阿克苏姆的农民充分利用肥沃的土地，在梯田上种植小麦和当地特有的谷物——苔麸

石建筑之一。这么重、这么大的岩石是如何来到这里的呢？也许是在大象的帮助下运来的。

阿克苏姆城在鼎盛时期占地75公顷，是当时非洲的政治、经济和文化中心，非常繁荣。城中有工业区、宫殿和住宅区。宫殿的外墙为石墙，内衬石灰或泥浆，并用穿梁加固。城中央有亭台楼阁，以绘画和圆柱为特色，周围是庭院和茅草屋顶的泥房，普通平民居住在泥房中。

这座城市没有坚固的城墙。东部有一个仪式感很强的入口，通往中央神庙；西部是住宅区；北部和东部是皇家墓地。城市外围是一些大大小小的墓地和郊区。城中大约有两万居民，国王居于社会阶层的顶端，其次是贵族、祭司，然后是普通工匠和农民。

传统的阿克苏姆陶器是手工制作的，烧制得不好，但经过了打磨和精细抛光。轮抛陶器是从地中海、阿拉伯湾和尼罗河谷进口的。对于许多国内没有的外国商品，如玻璃器皿，阿克苏姆人会进行仿制。他们会想方设法利用破损的进口商品部件仿制一些外国商品。他们还制作了标准化的石片工具，用于加工象牙、皮革等各种材料。阿克苏姆人掌握了基本的冶炼和锻造技术，制作了一系列专业金属工具，用于刻制工艺品，如象牙工艺品，这些工艺品上通常装饰着交织在一起的藤蔓和具有鲜明特征的动物。

在一座3世纪高级墓葬中发现的《阿克苏姆的维纳斯》（Venus of Aksum）等

作品暗示了上层社会对希腊罗马美学的欣赏。象牙在罗马帝国、阿拉伯、印度和中国都非常受欢迎。随着北非大象濒临灭绝，阿克苏姆的大象显得尤为珍贵，据说那里的大象多达5000头。不过，这也将其推向了与西北邻国库施王国（Kush）的经济战争。阿克苏姆在4世纪埃扎纳国王（King Ezana）统治时期国力达到顶峰。他们击败了沙漠部落贝贾（Beja），将他们驱逐到遥远的地方；接着又征服了也门（Yemen）；然后攻占了库施人的首都麦罗埃（Meroë）。用埃扎纳国王自己的话说："当他们反叛时，我对他们发动了战争……我烧毁了他们的石头城和稻草城，我的部下掠夺了他们的粮食、棉花、青铜、铁和铜，毁坏了他们家中的神像……他们投河自尽。"

埃扎纳国王统治下的阿克苏姆王国变成了阿克苏姆帝国，拥有从尼罗河谷到也门高原的十几座城市。

一段用希腊语和闪米特语书写的长篇碑文详细记述了埃扎纳国王的丰功伟绩，以及他对阿克苏姆传统宗教的大胆背离。

▲ 阿克苏姆是第一个铸造自己钱币的撒哈拉以南的国家，钱币上刻有国王头像，后来还刻有与基督教有关的形象

▲ 罗马帝国、波斯、印度和中国对珍贵象牙的需求使阿克苏姆从一个城市变成了一个王国

▲ 人们庆祝一年一度的蒂姆卡特节，纪念基督受洗

▲ 阿克苏姆的第一批定居者是库纳马人和闪米特人，这里肥沃的土地将他们从南部吸引过来

早期的阿克苏姆人信奉本土的一神教，崇拜马赫雷姆神（Mahrem），认为他们的国王是马赫雷姆神的后裔。万物有灵论和祖先崇拜也是阿克苏姆人的精神信仰之一，他们将十几头牛作为祭品，供奉给马赫雷姆神和希腊神话中的战神阿瑞斯（Ares）。

不过，大约在330年，埃扎纳国王接受了叙利亚修道士提尔的弗鲁门修斯（Frumentius）的洗礼，皈依基督教。在罗马皇帝君士坦丁在尼西亚会议（Council of Nicaea）上将基督教定为罗马的官方宗教仅5年后，阿克苏姆帝国将基督教作为国教，成为最早的基督教国家之一。基督教很快在王公贵族和商人中扎根，然后向平民渗透。后来，阿克苏姆还向邻国阿尔瓦王国（Kingdom of Alwa）派遣了传教士。

这种转变导致了阿克苏姆钱币、陶器、墓葬和建筑的变革。此时阿克苏姆流通的是金银币，上面装饰着基督教十字架、国王的肖像和当地特有谷物苔麸的图像，写着"愿国家昌盛""人民欢乐祥和"等字样。后来，阿克苏姆的铸币工匠开始用铜币代替金银币。他们还大胆创新，研制出

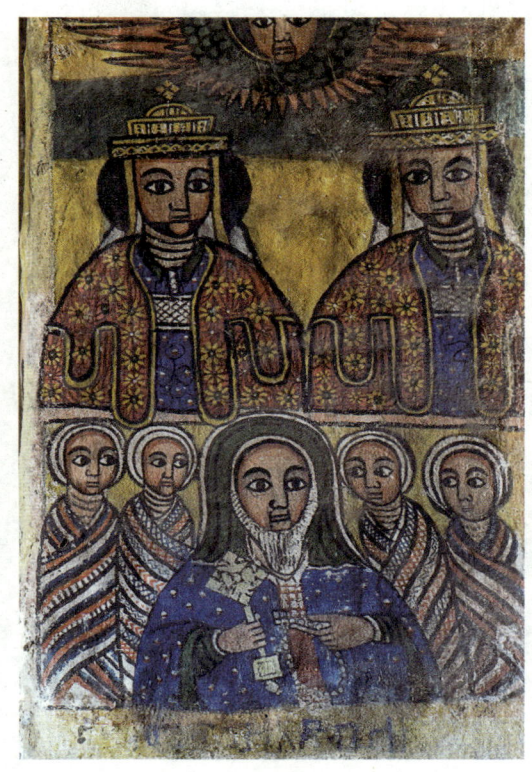

▲ 埃扎纳国王和他的兄弟萨扎纳（Saizana）在尼西亚会议后不久接受洗礼皈依了基督教

镀金方法，在铜币上用金箔装饰王冠和其他标志性物品。

5世纪，西罗马帝国灭亡，但阿克苏姆王国却迎来了快速发展时期。后来的埃塞俄比亚人将此归功于"九圣徒"（Nine Saints）。这一时期，阿克苏姆王国首都外围建立了许多教堂和修道院。6世纪，阿克苏姆国王卡莱布（Kaleb）派军队前往也门，将基督徒从迫害中解救出来。虽然这次出征后王国的领土扩大了，并与拜占庭皇帝查士丁一世建立了更紧密的联系，但事实证明代价也是巨大的，因为阿克苏姆王国从此开始走下坡路。之后，波斯对也门、耶路撒冷和亚历山大港的入侵导致阿克苏姆在红海地区的贸易中断，局势对阿克苏姆更加不利。

伊斯兰教最初传入阿克苏姆时，阿克苏姆人和穆斯林曾有过短暂的友好关系。在615年左右的第一次大迁徙期间，阿克苏姆国王曾向许多穆斯林提供避难所。然而，随着伊斯兰教的兴盛，阿拉伯人完全控制了红海，切断了红海与地中海的联系。不久之后，阿克苏姆人被迫向东迁都。

随着阿拉伯人对阿杜利斯这个繁荣的

锡安山圣母玛利亚教堂

随着基督教的传入和普及，教堂建设开始了，其中一座新教堂很快就有了各种神秘的传说。

在埃扎纳国王接受基督教信仰后修建的教堂中，有一座锡安山圣母玛利亚教堂。这是一座建在阶梯式平台上的长方形大教堂，教堂对面是一组花岗岩王座，象征着12位阿克苏姆法官、9位圣徒和一些信仰基督教的国王。亚历山大宗主教（Patriarch of Alexandria）推选一名埃及科普特人（Copt）担任埃塞俄比亚教会大主教（Archbishop of the Ethiopian Church），这一传统一直延续至今。该教堂于17世纪重建为一座有锯齿状垛墙的贡达林风格（Gondarine-style）建筑，里面有一间圣室，门上画着手持宝剑的天使，据说房间内存放着约柜（Ark of the Covenant）——传说中装有刻有十诫的原始石板的箱子。

埃塞俄比亚传说中的约柜是由所罗门王（King Solomon）和示巴女王（Queen of Sheba）的爱子梅内利克（Menelik）带到这里的。如今，约柜由一名终身任命的守护僧看守。在一年一度的庆祝基督洗礼的蒂姆卡特节（Timkat）上，埃塞俄比亚牧师们会抬着约柜的复制品游行。如今，阿克苏姆古城遗址仍是一个朝圣之地，朝拜者前往一个被称为示巴浴场（Sheba's Bath）的水域，据说那里是示巴女王曾经沐浴的地方。

▼ 锡安山圣母玛利亚教堂始建于4世纪，后来多次重建

▲ 锡安山圣母玛利亚教堂现在是埃塞俄比亚东正教教堂

东西方贸易中转站的破坏，以国际贸易为全部经济模式的阿克苏姆王国被彻底扼杀。他们被限制在以农业为主的高原地带，国力大不如前。更不幸的是，天不作美，当地的降雨量大幅减少，土地变得越来越干涸贫瘠，人口大量流失，只剩下少数村庄和修道院。

现在我们反思一下阿克苏姆衰落的原因。最初，阿克苏姆是一个自给自足的农业小国，随着红海地区贸易的发展、繁荣，阿克苏姆也加入其中，并迅速发展成为一个以贸易为主的商业王国。贸易为阿克苏姆带来了富裕、繁华、强盛，但也成了它最大的弱点。作为撒哈拉以南地区独一无二的文明强国，阿克苏姆过于依赖国际贸易，因此当国际局势超过了它的掌控能力时，它就像城中巨大的方尖碑一样，在自身重量的作用下轰然倒塌，因为它的根基并不牢固。

150

◀6世纪时尚女性版画。身着斯托拉或托尼克（tunic，过膝外衣）的女性披着丝质斗篷（chlamys），这种时尚一直持续了几个世纪

拜占庭对丝绸的垄断

东罗马帝国获取了丝绸的秘密

内森·韦伯斯戴尔

6世纪，地中海沿岸国家的权贵对东方奢华丝绸的需求将古罗马和波斯这两个相互竞争的帝国推向了公开的战争。萨珊王朝统治下的波斯在其东部拥有广阔的陆地边界，他们发现境内的粟特商人从中国购买丝绸，然后一路向西走过漫长的路途，将丝绸卖给出价最高的人。波斯统治者认识到自己国家所处位置的价值，开始严格控制向他们的主要竞争对手——东罗马帝国出口丝绸。

东罗马帝国也就是拜占庭帝国，首都为君士坦丁堡，位于丝绸之路最西端。波斯帝国为了限制丝绸流入拜占庭帝国，制定了一系列政府禁令，进行价格设定，并采取一切措施阻止黑市交易和丝绸走私。

君士坦丁堡（今伊斯坦布尔）这座港

口城市在当代欧洲算不了什么，可在4世纪中期到13世纪初期，拥有百万人口的君士坦丁堡是全欧洲规模最大、最为繁华的城市，也是奢侈品贸易中心和转口港。在其坚不可摧的三重城墙内，许多异国商品如香料、毛皮和珠宝等在这里汇集、加工并出售，但拜占庭人最钟情的是丝绸。由于拜占庭帝国对丝绸的需求量很大，国内形成了丝绸产业。在对丝绸有充分了解之后，他们将自己标志性和象征性的图案编织在丝绸中，生产出了各种华美的、绣着花纹的丝织品，有了自己独特的丝绸文化。帝国最富有的人将一部分钱财花在丝绸服装上，以穿丝绸服装为荣。在宫廷中，最尊贵的礼服是用紫色丝绸制作的，不仅价格昂贵，更代表着身份和地位。拜占庭人喜好丝绸服装也反映出他们具有从远方购买丝绸原料的能力，以及他们的富裕程度。

拜占庭人对丝绸的渴望是罗马帝国强盛时期向东扩张的结果。当时罗马帝国征服了东地中海和托勒密埃及，在红海掌控了许多港口。早前，丝绸是由波斯人从远东购买再卖给其他国家的。因此，对于拜占庭来讲，切断中间环节是符合自身利益的。在阿拉伯南部，罗马帝国开始与印度的巴鲁奇港（port of Bharuch）进行贸易合作，并获得了丰厚的回报。

与此同时，北方草原上的游牧部落对横贯北高加索地区并进入黑海沿岸城市的第二条丝绸之路也进行开发利用，他们用

▲ 在一座建于拜占庭帝国查士丁尼皇帝统治时期的教堂里，有一幅身着提亚紫长袍的基督坐在宝座上的马赛克镶嵌画，画面充分表现出紫色在拜占庭帝国的高贵地位

▲ 这幅珍贵的挂毯是送给班堡（Bamburg）主教的，描绘的是 10 世纪拜占庭帝国马其顿王朝第八位皇帝约翰·齐米斯基（John Tzimiskes）率军击败基辅罗斯（Kievan Rus，882—1240）后凯旋的场景（原作有损）

自己的货物换取其他商品。由于这些部落与拜占庭人关系良好，波斯人担心他们结盟对自己不利，因此发动了战争。

在查士丁尼大帝统治时期（527—565），拜占庭帝国的丝绸贸易发生了翻天覆地的变化。在这之前，几代人开辟的海上航线将东方的丝绸源源不断运来，满足了古罗马人对丝绸的需求。但在 527 年，由于爆发了罗马-波斯战争，波斯人提高了关税，情况发生了变化，这就需要一个有效的办法解决所面临的问题。查士丁尼尝试了多种方案。他首先与埃塞俄比亚国王进行谈判，要求其扩大在阿拉伯商品贸易中海军的管辖范围，但谈判无果而终。之后，529 年，查士丁尼颁布法律，将丝绸贸易限制在拜占庭帝国内的尼西比斯（Nisibis）、卡利尼库姆（Callinicum）和阿尔塔克萨塔（Artaxata）这三座城市，以防止民众过度消费丝绸，但据说这一法规导致民众迁往波斯以示抗议。

原本丝绸贸易在拜占庭帝国基础深厚，非常发达。位于腓尼基（Phoenicia，今黎巴嫩地域）的贝鲁特和提尔是当时重要的商业中心，也是丝绸贸易中心，丝绸交易非常活跃。可是由于战争，那里的丝绸商人抬高价格出售丝绸，扰乱了丝绸市场。为了彻底解决战争对丝绸业带来了种种不良影响，查士丁尼于532年与波斯人签署了名为"永久和平"的条约，但这一名称似乎不太恰当，因为该条约在波斯统治者去世后只持续了不到十年。那么拜占庭帝国的丝绸问题最终是怎么解决的呢？我们接着往下看。

普罗科匹厄斯担任过拜占庭帝国主要将领的秘书，是拜占庭帝国著名的历史学家和作家，他用文字记述了拜占庭人是如何打破波斯人对丝绸的垄断的。他写道："从印度来了一些僧侣……他们在一次面谈将一些蚕卵偷偷地装在竹筒里，然后用粪便覆盖以保持温度、湿度，一路小心翼翼带到了君士坦丁堡。中国的丝绸技术就这样传到了西方，丝绸之路上的丝绸贸易也从此发生了改变。

从此，受波斯人摆布的历史一去不复返了。拜占庭人开始自己生产丝绸。由于带来的蚕的数量很少，生产过程缓慢且时断时续。但是有胜于无，到8世纪初时，君士坦丁堡已经发展成为拜占庭帝国的生丝产地，为全国各地的丝绸制造中心提供丝线。关于拜占庭帝国时期丝绸的生产、使用和打理，都有详细的文献记载。拜占庭帝国甚至为丝绸服装的穿戴制定了严格的规定，违反规定的人还会受到处罚。在《拜占庭礼仪》（The book of Byzantine ceremonies）一书中，有大量关于拜占庭宫廷官员穿丝绸长袍的细节介绍。

位于希腊中部维奥蒂亚（Boeotia）地区的底比斯城也是自己生产原丝、制造丝绸。底比斯考古博物馆（Archaeological Museum of Thebes）保存了这座城市作为丝绸编织、染色和裁剪中心的一切史料和实物，在这里我们可以了解丝绸的生产工艺和制作过程，能够看到各种丝绸成品。据《总督书》（Book of the Eparch）一书记载，在君士坦丁堡，织工必须加入行会，由商业监管者进行管理。他们被称为"serikarioi"，取自拜占庭希腊语中的丝绸"serikon"一词。这些织工都是成手，具有一定技能，会用织布机、线梳和木线筒等纺织工具将丝线织成一匹匹原丝布料。

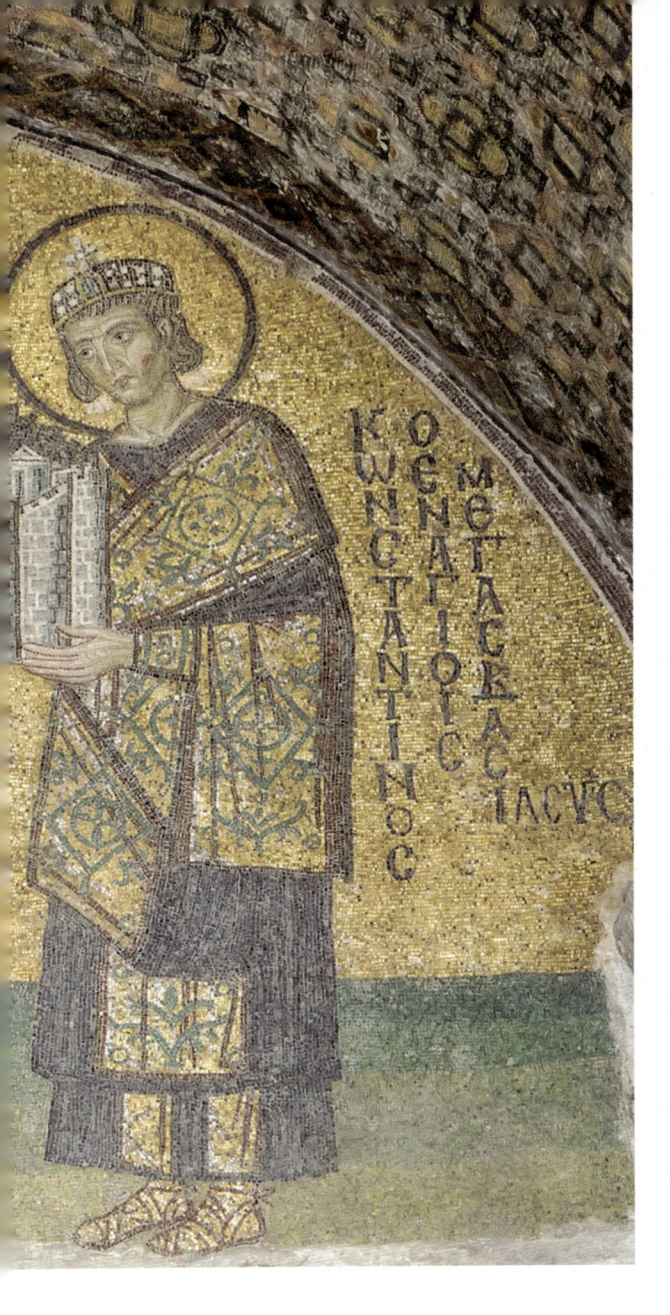

中向皇帝许诺，他们将提供制作丝绸的方法，这样罗马人就永远不会从他们的敌人波斯人或任何其他人那里进口丝绸了。"大约在6世纪50年代，这些僧侣再次来到拜占庭。在首都君士坦丁堡，他们向查士丁尼提供了制作丝绸的方法，兑现了承诺。据推测，这些人是印度的景教僧侣，他们曾率领使团前往中国，亲眼看见了从蚕吐丝到蚕丝织成丝绸布料的整个过程。他们

如果织工干活时出现失误，或布料上有瑕疵，都会被罚款。之后，原丝布料被染成各种颜色，有些颜色的原料来自异国他乡，非常奇特。从事染色的人来自四面八方，各民族都有，其中包括大量来自拜占庭帝国各处飞地（某国境内隶属外国具有不同宗教、文化或民族的领土）的犹太人。实际上，当时有许多犹太人做着与丝绸有关的工作，如制丝、编织、印染，等等。犹太旅行家图德拉的本杰明（Benjamin of Tudela）特别提到过，仅在底比斯就有2000名犹太人从事丝绸行业。

在所有丝绸染料中，最独特的是一种被称作帛拉蒂（Blattia）的紫色染料，它由产于提尔城的一种软体动物的分泌物制成。帛拉蒂紫价格昂贵，是一种非常高级的紫色，只用于印染优质丝绸，而且只有皇帝、贵族和少数大臣才能穿戴帛拉蒂紫丝绸服饰。到了6世纪，这种紫色丝绸只用于基督、圣母和上帝在人间的代表——拜占庭皇帝本人。我们在拜占庭帝国的马赛克镶嵌画中看到，至高无上的人都穿紫色长袍，如皇帝、耶稣，这是那一时期镶嵌画的共同特点。6世纪以来，拜占庭是欧洲唯一的丝绸生产国。除了向西欧皇室馈赠丝绸外，拜占庭一直保守着丝绸生产的秘密，这使得丝绸对于欧洲人来讲非常珍贵，就像丝绸对查士丁尼之前的拜占庭人一样。12世纪，诺曼人打破了拜占庭人在欧洲对丝绸的垄断。他们首先征服了拜占庭人统治下的意大利南部，并在1147年洗劫了底比斯、雅典和科林斯，还将掌握了拜占庭500年丝绸生产秘密的技工当作囚犯押回西西里。至此，丝绸之路在停顿了半个世纪后又继续向西延伸了。

皇帝的御赐

在拜占庭帝国，柔软、华丽、贵重的丝绸是奢侈品，被称为"软黄金"。拜占庭皇帝常将丝绸服装和丝绸布料作为礼物送予帝国的盟友或敌对国家。在拜占庭，丝绸服装的款式很多，例如有一款丝绸 chlamys，穿时披在外衣上，是一种高级的短款披肩。另外，紫色丝绸是身份、地位的象征，只有皇帝、皇室成员、贵族阶层才可以穿戴。在拜占庭人的意识形态中，皇帝是帝国的中心，是至高无上的。如果皇帝向他人赠送带有紫色镶边的衣服，那意味着礼物不仅价值不菲，接受者也会成为拜占庭宫廷的一员，因为紫色是与帝国特权联系在一起的。其中有一件礼物保存至今，是匈牙利国王加冕时所穿礼袍中最核心、最古老的部分。这件丝绸长袍最初是拜占庭皇帝作为加冕礼袍赠送给匈牙利国王斯蒂芬一世的，之后每当匈牙利国王加冕都会使用，一直使用了 300 多年。拜占庭皇帝也向保加利亚、法国和德国的君主赠送过丝绸礼物。有趣的是，根据拜占庭帝国阿莱克修斯·科穆宁（Alexios Komnenos）皇帝女儿的描述，阿莱克修斯·科穆宁皇帝曾向海因里希四世赠送了一块帛拉蒂紫丝绸，这是最昂贵的一种紫色丝绸，这块丝绸最终装饰了海因里希四世的陵墓。

▶ 这块织工精美的布料上绣满金线，既描绘了匈牙利国王斯蒂芬加冕时的场景，也表现出基督的世界秩序。基督身着长袍，俯视着国王和圣徒

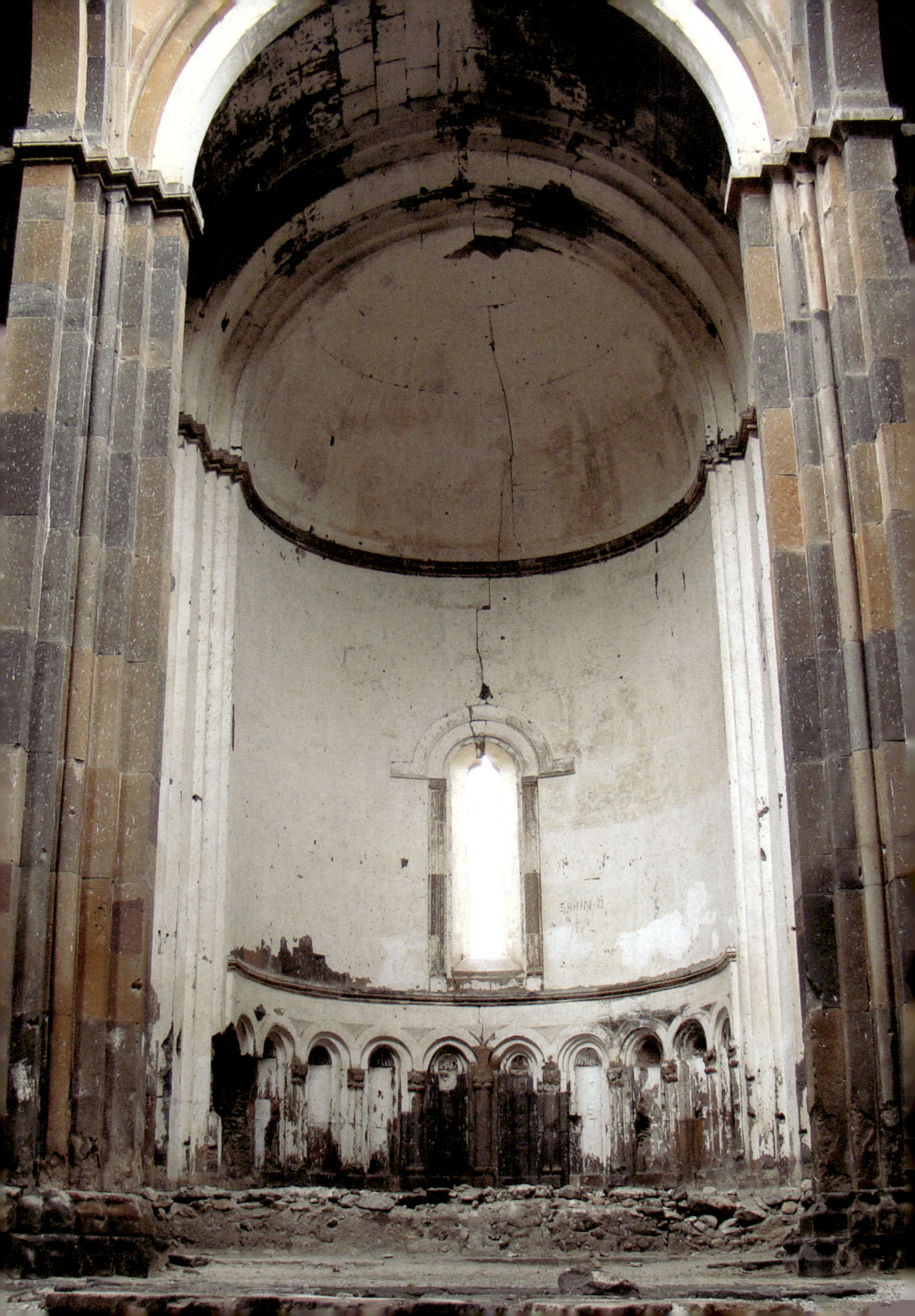
SAHIN Ö

失落的阿尼古城

阿尼古城曾经是王国首都，被称为"1001座教堂之城"。如今只剩下残垣断壁

凯瑟琳·寇松

在土耳其和亚美尼亚交界处，有一座城市废墟。它曾是一个强大国家的首都，如今，昔日热闹非凡的大街小巷寂静无声，一片荒芜，宏伟的教堂和城堡只剩下残垣断壁，湮灭在岁月的长河中。这就是阿尼——"1001座教堂之城"。

11世纪，亚美尼亚最伟大的王朝是巴格拉东王朝，由阿肖特三世（Ashot III）统治。961年，阿肖特三世从长期与巴格拉东王朝争权夺利的卡姆萨拉坎家族手中买下阿尼城，并将这一新获得的领土作为其辽阔王国的首都。早在5世纪，阿尼城就已建立，是一个处在高地上的小镇，也是一个军事要塞。在这里可以俯瞰周围的土地和河流、高低起伏的山地和丘陵。阿肖特三世非常清楚这座城市的重要性，知道它是一个战略要地。在阿尼城附近就是丝绸之路的贸易路线，它四通八达，通往拜占庭、波斯、亚洲和远东，这对阿尼城成为重要的商业枢纽起到了至关重要的作用。

阿尼城以惊人的速度发展着。这是一

▲ 驻足在阿尼古城遗址中的清真寺，周围美景尽收眼底

个充满财富和机遇的地方，街道上回响着往来于各大小国家之间的商人们的叫卖声。在宗教文化方面，阿尼城位于土耳其-亚美尼亚边境处，受基督教和伊斯兰教两大宗教的影响，是文化和民族的大熔炉。在地形地势上，阿尼城似乎坚不可摧。它处于两个峡谷交汇处自然形成的三角形山地高原上，这是出了名的易守难攻之地。唯一的入口就是城门，四周是起伏的山丘和深深的峡谷，入侵者如果进入，非常困难。为了安全，重要建筑都建在峡谷的边缘，还有近 50 英尺

> 阿尼城中宏伟的建筑是用当地的火山玄武岩建造的。

（约15米）高的墙壁和20多个防御塔保护着这座城市。

阿尼城不仅是防御建筑的典范，也是一个让人敬畏的地方。阿尼城的城墙是用凝灰岩建造的，这种岩石也受到古罗马人的青睐。凝灰岩的颜色多种多样，有橙色、黑色，以及深浅不一的红色、棕色和灰色，远远望去，整个城市就像一幅巨大的马赛克镶嵌画。城中建筑物的墙壁上都有用不同颜色石块砌成的大型十字架，众多的礼拜场所都装饰着精美华丽的雕刻。另外，从某种角度讲，这是一座石头城，因为所有建筑只使用石料，没有任何木材和金属。这里的基础设施很先进，达到了中世纪的巅峰水平。这里有排水系统、淡水净化系统，还有路灯。那么，建这些设

阿尼古城必游景点

1. 岩石凿成的房屋
考古学家在阿尼古城各地发现了岩石凿成的房屋，可能是用来居住或做礼拜的。

2. 火神庙
4世纪的琐罗亚斯德教火神庙遗迹表明，阿尼城的鼎盛时期远在4世纪之前。

加吉克国王教堂

商人宫殿

天主教堂

处女修道院

阿胡良大桥

3. 卡尔斯门（Kars Gate）
这座大门两侧是塔楼，与城墙相连，它们是世界上现存最大最高的城墙建筑。考古学家认为，这些塔楼的建造不仅是为了防御，也是为了激发人们的敬畏之心。

▲ 虽然圣提格兰（St. Tigran）教堂墙壁上的壁画已经破损，但从中依稀可见往日的辉煌

阿尼城为何被遗弃？

是什么导致这座美丽富饶、地理位置优越的丝绸之路古城被遗弃呢？

流行说法

关于阿尼城被遗弃的一个流行说法是，1319年的一场地震几乎摧毁了这座城市，一些幸存者逃离了家园。虽然发生了地震，但这座城市并没有变成空城。

贸易路线的改变

由于阿尼城经常遭到异族袭扰和入侵，东方的商人不愿意在此冒险。在他们的影响下，贸易路线逐渐远离了这座城市，使其失去了原有的经济影响力。

内战

阿尼城位于土耳其和亚美尼亚的交界处，一些游牧民族经常在此出没，抢劫财物。经过几十年的提防，阿尼人最终忍无可忍，与游牧民族的冲突不可避免地爆发了。

施的费用是从哪里来的呢？是通过向在城里做生意赚大钱的商人征税得来的。

阿尼城的街道虽然不是用黄金铺就的，但这座城市繁华、热闹，一片欣欣向荣的景象。在群山的衬托下，五颜六色的凝灰岩建筑错落有致地矗立在高地平原上。人们从亚美尼亚的各个角落涌来，希望在这座都城找到新的生活，因此，阿尼城不仅是政治中心，也成了一个充满活力的商业中心。亚美尼亚天主教会也不可避免地将其总部设在了阿尼城。到11世纪，阿尼城的人口超过10万，其中包括数百名神职人员。

可是天有不测风云。1041年，统治者霍夫汉内斯－森巴特（Hovhannes-Sembat）将阿尼城赠给拜占庭帝国。阿尼人非常反对并入拜占庭帝国，在霍夫汉内斯－森巴特去世后，这种不满情绪达到了顶点。拜占庭皇帝迈克尔四世（Michael IV）派军队前去镇压，遭到了热爱自己城市的民众的激烈抵抗，但最终寡不敌众。拜占庭围困了阿尼城，杀死了数千人，直到1045年阿尼人被迫投降。然而，阿尼城并没有被拜占庭帝国统治多久。在向迈克尔四世投降25年后，阿尼城被土耳其塞尔柱人占领。塞尔柱人的入侵是残暴的、血腥的，阿尼城被洗劫一空，居民或被杀或被俘。

从此，阿尼城的命运颠沛流离、动荡不安。它从一个统治者的手中被转到另一个统治者手中，从一个王国转到另一个王国，直到在格鲁吉亚女王塔玛尔（Tamar）

▲ 埃布尔-马努切赫尔清真寺（Mosque of Ebul Manuchehr）的宣礼塔至今屹立不倒

阿尼城的命运是悲惨的。在风雨的侵蚀下，在地震的破坏下，历经几个世纪幸存下来的建筑一个接一个地损毁、坍塌。

19世纪80年代
那时与现在

的统治下恢复了繁荣。可不幸的是，阿尼城的再次繁荣及它所处位置的战略重要性使其多次成为被攻击的目标。1237年被蒙古人围困的阿尼人收拾行装开始迁徙，将他们的城市留在了身后。俗话说，祸不单行。1319年，一场大地震震塌了这座城市的地基。到处是损毁的建筑，一片破败景象，阿尼城开始走向衰落。至此，除了引以为傲的历史和宏伟建筑的残垣断壁，阿尼城什么都没有了。人们开始逃离这座曾经风光无限的丝绸之路上的重要城市。

▶ 伊拉克的"智慧宫"（Bayt al-Hikmah）建立于哈伦·拉希德（Harun Al Rashid）和他的儿子阿尔·马蒙（Al Ma'mun）统治时期，是当时的世界学术中心

和平之城

巴格达地处东西方之间，地理位置优越，
是丝绸之路上主要的贸易、科学和文化交流中心之一

哈雷斯·布斯塔尼

750 年，倭马亚王朝（Umayyad Dynasty，661—750，阿拉伯帝国第一个世袭制王朝）将哈里发的统治扩展到了极致——其统治范围是罗马帝国鼎盛时期的两倍。然而，就在这一年，倭马亚王朝被阿拔斯王朝（Abbasid Dynasty，750—1258，阿拉伯帝国第二个世袭王朝，古代中国史籍中称之为黑衣大食）推翻。阿拔斯王朝没有继续将大马士革作为首都，而是决定建立自己的都城。762年，阿拔斯王朝的哈里发在波斯萨珊王朝首都泰西封（Ctesiphon）附近选中了一块地，建造了新城。这座生机勃勃的新城是即将到来的伊斯兰黄金时代（Islamic Golden Age）的灵魂所在。

它叫"和平之城"（Madinat al-Salam），是一座完美的圆形大都市，俯瞰底格里斯河。城墙上有四个城门，就像车轮上的辐条：东南部的巴士拉门（Basra Gate）通向波斯湾和印度洋，西南部的库

نعوذ وابن نضر نبوذ شوتنه فوجدن ما جمع في أفكارهم و نظرٍ لما بطن من الكا

这座建在底格里斯河畔的圆形城市——和平之城迅速发展成丝绸之路上最重要的商业中心之一

169

法门（Kufah Gate）通向麦地那和麦加，西北部的大马士革门（Damascus Gate）通向叙利亚和地中海，东北部的呼罗珊门（Khurasan Gate）通向波斯、中亚和其他地区。这座城市后来被称为"巴格达"，位于丝绸之路重要路线的交汇处，编织了一条通往东亚、安纳托利亚、阿拉伯半岛和北非的环环相扣的路线。同时，这座坐落在底格里斯河畔的城市还占据了海上丝绸之路的黄金地段，所以，它很快就成为世界上最繁忙的贸易枢纽之一。

商人们从东非、印度、安纳托利亚、可萨（Khazar）、戴拉姆（Daylam）和中国等地远道而来，将他们的商品运到巴格达，在那里迎接他们的是一个庞大的市场。与此同时，巴格达也开始创建自己的企业，开发自己的产品，很快就发展成为最重要的丝绸和天鹅绒生产中心之一。这座城市的工匠们将金线织在丝绸中，生产出来的丝绸异常华丽；他们在天鹅绒上绣上各种小动物（包括小鸟），图案新颖独特。巴格达工匠们的技艺闻名遐迩，生产出来的布料非常受欢迎。中国商人将生丝运送到巴格达，加工成丝绸布料后再出口到阿拉伯半岛、欧洲、撒马尔罕和东南亚等地。巴格达独特的阿塔比丝绸（attabi，一种富有光泽的水纹丝绸）产于阿塔比地区，在世界各地广受好评，甚至在欧洲出现了仿制的阿塔比丝绸，意大利人和法国人称之为塔比斯（tabis），英国人称之为塔比（tabby）。除了丝绸外，巴格达著名的萨马拉（Samarra，伊拉克一座古城，位于首都巴格达西北）陶器以其迷人的色彩和别致的图案而闻名，并出口到埃及、叙利亚、伊朗和西班牙。

这些伊拉克商品被阿拔斯王朝的商人运往世界各地。商人们在季风季节顺着风向从东非前往印度和东南亚。一路上，他们在马拉巴尔海岸、锡兰、新加坡、婆罗洲、爪哇、苏门答腊岛和广州等地的港口停泊并居住一段时间。与他们同行的往往还有阿拔斯王朝的专家学者等知识分子和传教士。在他们的共同努力下，伊斯兰教通过文化交流沿着丝绸之路传播开来。伊斯兰教在印度、文莱、马来西亚、菲律宾和印度尼西亚找到了肥沃的土壤，苏门答腊国王自己后来也信奉了伊斯兰教，他们的墓碑上雕刻的伊斯兰历法就是证明。

在巴格达，虽然官方语言是阿拉伯语，但是从阿拔斯王朝在此建都之初，统治者们就吸收、借鉴管辖区内其他民族的传统、文化和各领域知识。他们借鉴了罗马、希腊、波斯等民族的文化传统以及基督教、犹太教等宗教经典著作中的内容，建立起一个多元文化社会；他们将哈里发对宗教的宽容态度进一步扩展为全方位包容的态度。哈里发们聘请学者将各宗教著作翻译成阿拉伯语，将伊斯兰世界推向了国际知识界的前沿。他们还在巴格达建造了宏伟的"智慧宫"图书馆。这里是研习人文科学和自然科学（包括数学、天文学、医学、化学、动物学及地理）的中心。各地学者聚集在这里，他们借鉴波斯、印度及希腊的文献，包括毕达哥拉斯、亚里士多德、希波克拉底、欧几里得、婆罗摩笈多等各领域学者的著作，他们积累世界上的各种知识，并根据自己的研究和发现再加以扩展。

在哈里发哈伦·拉希德及其儿子马蒙的治理下，巴格达发展成为世界上最重要的科学、哲学和文化中心，是当时世界上最富庶的城市之一，人口达到一百万。

巴格达智慧宫的学者们对经典著作进行了细致、准确的翻译，并将译本分享给其他国家。即使在阿拔斯王朝将北非拱手让给法蒂玛王朝（Fatimid Dynasty，909—1171）后，这些译本仍被送往突尼斯的智慧之家和埃及首都开罗的科学馆（Dar al-Hikmah），虽然这两个国家在当时与巴格达是对立的关系。此外，阿拔斯王朝哈里发还向拜占庭皇帝提出请求，从拜占庭的知识文库中获得了一些古老的科学手稿。随着各地经典著作的纷至沓来，译者们辛勤地工作着，翻译了希腊文、叙利亚文、亚述文、希伯来文、拉丁文、中文和印度文等多国文字，将这些国家的知识展现出来，传播出去，为促进世界科学文化的发展做出了杰出的贡献。

巴格达人还学会了中国的造纸术，这进一步促进了书籍的生产，而且他们还将这一技术传到了欧洲。巴格达的智慧宫图书馆藏有大量地图、天文图和各领域学者

▲ 随着阿拉伯商人和学者从东非前往中国，巴格达文化沿着丝绸之路向东方传播，同时也带来了伊斯兰教

的手稿，其中包括哈里发马蒙委托制图师和天文学家团队绘制的一幅大型、细致的地图。实际上，这座智慧宫图书馆激发了一场文化复兴，沿着丝绸之路向东，从巴士拉、大马士革、博克拉和梅尔夫一直到中国，这一路上图书馆如雨后春笋般涌现。

巴格达最著名的翻译家是侯奈因·伊本·伊斯哈格（Hunany ibn Ishaq, 809—873）。他原本是医生，也是基督徒；他不仅会讲阿拉伯语，也会讲叙利亚语和希腊语。除了撰写医书外，侯奈因-伊本-伊斯哈格从17岁起就开始翻译各种学术著作，几乎所有的希腊文医学著作、希腊哲学家亚里士多德一半的著作和评论、七十士译本（《旧约》的希腊文译本）以及许多数学著作都是他翻译的。也正因为此，巴格达

成为丝绸之路上重要的学术中心和医学中心，并将拜占庭、印度等国的医学与本土的阿拉伯医学融合到一起。与此同时，波斯博学家、炼金术士贾比尔·伊本·哈扬（Jabir Ibn Hayyan, 721—815）将炼金术转变为化学科学，带来了化学上的巨大进步——从发明蒸馏器到发现并用文字记录各种化学反应过程。哈扬是第一位用文字记录酒精分离过程的人。

阿拉伯学者、科学家海什木（Al Haytham, 965—1040）发展了理论物理和光学，是现代光学的奠基人。是他启发了牛顿发现万有引力，是他的发现造就了今天的照相机。海什木还提出了"科学假说应该以实证为依据"这一革命性概念。

阿拉伯天文学家、数学家纳西尔丁·图西（Nasir al-Din Tusi, 1201—1274）

> 巴格达智慧宫的翻译家们将许多古希腊医学和数学文献译成阿拉伯语，并对其进行深入研究。

▲ 波斯博学家、炼金术士贾比尔·伊本·哈扬通过一系列重大发明和创新，将炼金术带入了现代化学领域

▲ 哈里发马蒙是一位慷慨的学术资助者，投入大量资金开展了数十个大型项目的研究，并从拜占庭皇帝那里获得了古老而又珍贵的各类研究手稿

写下了160篇文章，概述了银河系的性质，他的概述在几个世纪之后得到了证实。阿拉伯帝国阿拔斯王朝第七任哈里发阿尔·马蒙在9世纪建立了巴格达的第一个天文台，鼓励天文学家制作日月运行表、恒星表，并撰写了相关仪器的文章。后来，在今乌兹别克斯坦的撒马尔罕和伊朗的马拉盖（Maragha）也建立了天文台，这些天文台对有关数据的计算结果相差不过几分之一。

印度天文学家应邀将自己的行星表和计算日食的文本带到巴格达，这些文本被翻译成阿拉伯文；他们还接受了伊斯兰天文学对地心宇宙理论的否定，这一点令人吃惊。据说巴格达的天文学家发现了古代伊斯兰星盘装置的1000种用途，涉及星座、导航、计时、测量等众多领域，世界各地的穆斯林可以用它来确定朝哪个方向祈祷，以及每天五次祈祷的时间。伊斯兰星盘不依赖观察者的所处纬度，在地球上的任何地方都能使用。它后来传到了文艺复兴时期的欧洲。

在巴格达，虽然禁止绘制人物形象，但是画有佛像的壁画和印度叙事性绘画开始装饰这座城市的清真寺，使得伊斯兰艺术在表现形式、绘画技法和人物形态方面发生了很大的变化。除此之外，巴格达的玻璃生产工艺也不断提高。在新技术的加持下，巴格达工匠们的玻璃吹制水平达到了新的高度。他们将硅石、纯碱和石灰混合在一起，加热到1371℃的高温，在这个温度下玻璃可以吹制成各种形状。在当时，巴格达迪玻璃（Baghdadi glass）是世界

巴格达的医学成就

巴格达是伊斯兰世界第一家大型医院的所在地,它由哈里发哈伦·拉希德建造。在随后的几个世纪里,哈里发管辖地区陆续出现了30家医院,促进了当地的经济发展和繁荣。每位公民,无论贫穷还是富有,都有权享受免费医疗。巴格达的医生和药剂师必须通过考试才能执业

在医学理论和治疗方法方面,阿拔斯王朝的医生、学者们博采众家之长,广泛吸取各国家、各民族的医学成果,创立了自己的医学理论和医疗体系。他们借鉴了希腊-罗马时代著名医生盖伦(Galen,约130—200,古罗马解剖学家、内科医生)的医学理论和治疗方法,吸收了伊斯兰教以前的民间医学和中国的药物治疗方法,采纳了根据手稿整理出来的印度医学理论和治疗方法。盖伦的四种湿气理论成为希腊-阿拉伯医学的基石,并从巴格达沿着丝绸之路向东传播,被印度人接受、采用,还融入了印度的阿育吠陀学说。

穆斯林著名医生、学者穆罕默德·拉齐(Muhammad Al Razi,864—924)学识渊博,涉猎广泛。他在外科学(例如疝气、关节疾病、肾与膀胱结石等)、儿科学(例如小儿痢疾)、传染病及疑难杂症方面具有丰富的临床经验与理论知识。他是第一个发明用肠线作为外科手术线以及用酒精消毒的人。拉齐还是一位多产的医学作家,著有几十部医学著作,其中有《药物学》《精神病学》《天花与麻疹》,等等。在《天花与麻疹》中,他明确叙述了天花与麻疹的症状及两者的区别,对天花和麻疹进行了开创性的研究;他还写了一本关于牙痛及治疗方法的书。在所有医学著作中,《医学集成》(Comprehensive Book of Medicine)和《曼苏尔医书》(Book of Medicine Dedicated to Mansur)堪称不朽的医学名著。《医学集成》是一部医学百科全书,作者花费15年时间完成,主要讲述的是疾病、疾病进展与治疗效果;它是在借鉴希腊、波斯、印度医学成果的基础上,经过长期临床试验和观察研究而写成,并于1279年翻译成拉丁文,是医学史上最重要的文献之一。《曼苏尔医书》分10个部分,每个部分都是医学上的一个专题,其中有解剖学,包括人体结构和器官功能研究;有营养学、药物学及养身之道的探索;有临床诊断和处方,等等。这部医书受到西方医学界的推崇,被译成拉丁文,直到17世纪它一直是欧洲各国医学院的主要教科书,是欧洲读者最多的医学手册之一。这两本部著作都是世界医学史上的经典著作。

▲ 穆斯林著名医生、学者穆罕默德·拉齐不仅有多项医学创新，还撰写了多部学术著作，尤其是他的医学著作在世界医学史上堪称经典。他被誉为"穆斯林医学之父"

上最好的玻璃，被视为珍品。它沿着丝绸之路被运往东方，运到遥远的中国，而中国的陶瓷也沿着丝绸之路来到了巴格达。穆斯林工匠模仿中国唐朝的陶瓷制作陶瓷器皿，使得唐朝的陶瓷风格长盛不衰。

由于执政者宽容的态度和知识分子认真严谨的治学作风，几个世纪以来，巴格达一直是丝绸之路的文化交流中心，即使在阿拔斯政权日渐衰落、学者们纷纷另起炉灶时也是如此。然而，当蒙古人于1258年洗劫巴格达时，巴格达在丝绸之路上令人垂涎的地位和伊斯兰黄金时代就残酷地画上了句号。除了洗劫和焚毁这座城市，他们还摧毁了智慧宫，数不清的书籍被抛入底格里斯河，据说底格里斯河的河水都被书籍上的墨水染成了黑色。幸运的是，巴格达，这座丝绸之路上文化和知识的大熔炉，其遗产在托莱多（Toledo，西班牙古城，位于马德里以南70公里处）的翻译学院和欧洲的文艺复兴中得以延续。

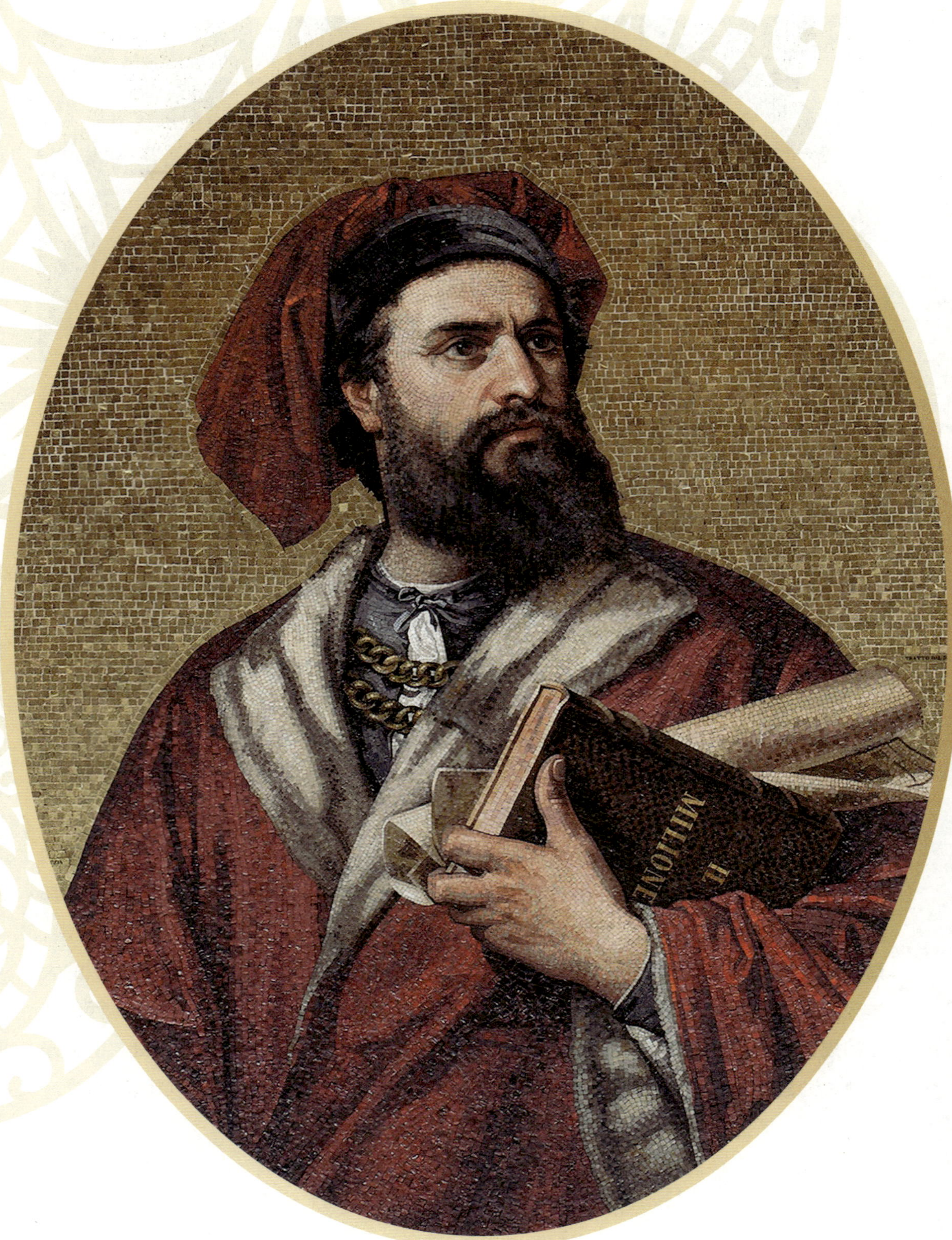
IL MILIONE

马可·波罗
游历忽必烈的宫廷

意大利探险家、旅行家马可·波罗游历过许多国家。他的一生充满传奇,他的故事更是令人惊叹

约翰·曼

马可·波罗的一生听起来就像一个童话故事。一个来自意大利威尼斯的男孩被父亲和叔叔带到亚洲各地,遇到了当时世界上最强大的统治者,并受雇于他长达17年之久。之后,马可·波罗回到家乡,并将自己在旅程中的所见所闻和各种奇闻逸事记录下来,形成了著名的《马可·波罗游记》(The Travels of Marco Polo)。

这是一个非同寻常的故事,而且是真实的(大部分)。更令人称奇的是,故事的发生纯属偶然。

1253年,也就是马可·波罗出生的前一年,他的父亲尼科洛(Niccolò)和叔叔马特奥(Matteo)离开威尼斯前往东罗马帝国的首都君士坦丁堡。但是此时君士坦丁堡正在衰落,其经济被外地商人,特别是威尼斯人所控制。尼科洛和马特奥带来了一船货物,用货物交换珠宝。经过6年的贸易(这期间他们可能还不知道小马可出生了),他们赚了很多钱,将目光投向了克里米亚(Crimea,位于今乌克兰南部,是一个深入黑海的半岛),在那里他们

可以用珠宝换购小麦、蜡、咸鱼和波罗的海琥珀，这些都是欧洲非常需要的东西。

在克里米亚，命运多次跟他们开玩笑。尼科洛和马特奥发现，原本属于罗马帝国的威尼斯在这一地区的两个贸易基地——港口城市索尔达亚（Soldaia，今乌克兰的苏达克）和卡法（Caffa，今乌克兰的费奥多西亚）现在在新建立的大蒙古国境内，而克里米亚也于1238年被蒙古人占领，成为蒙古金帐汗国的一部分（金帐汗国从俄罗斯一直延伸到中国西部）。为了躲避蒙古人，他们继续向东走了1000公里，来到了当时还不属于大蒙古国的萨拉伊（Sarai），这是一座位于伏尔加河畔由帐篷和马车构成的城市，也是一个商业中心。在萨拉伊，他们的生意非常成功，收获满满。这时，他们听说威尼斯的敌对城邦热那亚已经将威尼斯人赶出君士坦丁堡，担心自己在萨拉伊也不安全，于是准备启程回国。回去的路只有一条可行：继续向东前往布哈拉

（Bukhara，今乌兹别克斯坦城市），然后经阿富汗长途跋涉返回威尼斯。但是命运再一次捉弄他们了。他们被困住了，蒙古汗国之间的内战将他们困在布哈拉达3年之久。这时，波斯的使者见到了他们，惊讶地发现他们是两个"拉丁人"，而且蒙古语说得很好。使者让他们继续向东走，一直走下去就能到达中国，并告诉他们那里的主人成吉思汗的孙子忽必烈会热烈欢迎他们的。在后来马可·波罗的描述中，使者还对他们说："先生们，在中国你们会获得巨大的利益和荣誉的。"马可·波罗的父亲和叔叔不是第一批沿着蒙古快道穿越亚洲的欧洲人，在他们之前有两位欧洲牧师来过亚洲。

终于，马可·波罗的父亲尼科洛和叔叔马特奥抵达了元朝的首都上都（位于今内蒙古自治区

锡林郭勒盟正蓝旗上都镇），并受到了热情接待。非常幸运，当时的元朝皇帝忽必烈正需要基督教的存在来平衡当地宗教的影响。于是，他让这两位威尼斯人先回家，然后再带着100名牧师和耶路撒冷的圣油（也许可以用作护身符）回来。忽必烈给了他们一张黄金通行证，允许他们使用帝国的驿道，然后送他们离开。回家的路走了3年，尼科洛和马特奥兄弟俩终于回到了故乡，此时已是1269年，距他们离开威尼斯整整16年。这期间家中发生了许多变故。尼科洛的妻子去世了，他们的儿子马可·波罗已经成长为一名受过良好教育的15岁少年，非常想出去看看这个五彩缤纷的世界。

两年后，即1271年9月，尼科洛和马特奥再次出发，这次他们带上了马可·波罗。途中他们去耶路撒冷取圣油。非常巧合，当地牧师泰巴尔多·维斯孔蒂（Tebaldo Visconti）刚刚被任命为教皇，他希望整个中国都能皈依基督教，并给忽必烈写了一封信，敦促他皈依基督教。教皇还让两位（而不是100位）牧师随同他们一同前往，但这两个人很快就回去了。马可·波罗一行带上信继续赶路。到处都是战争，他们的黄金通行证并不能保证一路平安。为了避免麻烦，马可·波罗一行绕道穿过土耳其东部、伊拉克和波斯，一直到达霍尔木兹港（Hormuz，位于波斯湾，今伊朗南部霍尔木兹甘省区域）。确切的路线并不清楚，因为马可·波罗在叙写他的故事时，有些细节因时间久远记不准，这是情有可原的。

但无论如何，马可·波罗的叙述中有许多可信之处。他说自己在途中曾被称为卡拉乌纳斯（Caraunas）的一伙强盗追赶，这伙强盗的首领叫诺果达尔（Nogodar）。实际上这是一支名为卡拉古纳斯（Qaragunas）的蒙古边防部队和他们的指挥官乃古德尔（Negüder）。这支队伍什么事都干过，既忠诚地守卫过蒙古边境，也发生过叛乱，还曾四处抢劫、掠夺财富。

马可·波罗一行经过的霍尔木兹港是丝绸之路上的一个主要港口，以香料、珠宝、织物、象牙贸易而闻名，是当时伊斯兰世界首屈一指的商业大都市和海港。那里属于热带沙漠气候，全年高温少雨，炎

马可·波罗的家乡——威尼斯

意大利的威尼斯城是马可·波罗出生、成长的地方。它强大、富有，是地中海最繁荣的贸易中心之一，也是一座别具特色的水上城市

这里曾经是沼泽中的一个村庄，几经发展变迁，中世纪前后成为意大利最繁忙的港口城市、著名的水上都城。这个不到8平方公里的城市，被一百多条蛛网般密布的运河割成一百多座小岛，岛与岛之间凭借各式桥梁错落连接。此外，威尼斯还是一座历史文化名城，城内古迹众多，有各式教堂、钟楼、修道院和宫殿百余座。

马可·波罗就在这样一座城市里出生、长大。1254年，马可·波罗出生在一个富有的商人家中，从小就生活在威尼斯著名的里亚托桥（Rialto Bridge）附近的一栋高档住宅中。在美丽、富庶的威尼斯水城，他一定见过富丽堂皇的圣马可教堂，也一定见过这座城市的统治者——总督，见过他旨在强调权力和财富的就职典礼。中世纪，威尼斯凭借一支称霸地中海东部的海军，建立了强大的威尼斯帝国。它不仅在亚得里亚海沿岸拥有殖民地、港口和岛屿，还拥有希腊最大的岛屿克里特岛。此外，远在欧洲东南部巴尔干半岛东端的君士坦丁堡还是威尼斯的飞地，每年吸引着希腊各地的商人前往那里进行商品交易。威尼斯还向东横跨黑海在克里米亚建立了两个基地，这两个基地可以通往俄罗斯的顿河和伏尔加河"河道"。

热干燥，有时温度高得惊人。有一种叫"西穆"（simoom）的热风，一旦刮起来甚至能把人烤焦。马可·波罗一行本来想在这里乘船经印度前往中国，但是没有适合的船只，且炎热的天气令他们身体不适，无奈之下，他们只好弃海路走陆路。马可·波罗一行折回走东北方向，穿越伊朗向东行进。

马可·波罗一行人继续前行，来到了今阿富汗北部的巴尔赫城（Balkh）。巴尔赫城是古代巴克特里亚王国和波斯萨曼王朝首都，是丝绸之路上的文化经济城，多条贸易路线在此交汇。在其鼎盛时期，城内及周边有相当数量的商队。从罗马世界进入巴尔赫的商队购买了金属器皿，特别是金银器皿；从中亚和中国运来了红宝石、毛皮以及生丝和绣花丝绸；来自印度的货物也到达巴尔赫，包括香料、化妆品、象牙及珍贵的宝石。巴尔赫城不仅是一座繁荣的商业中心，也是佛教、琐罗亚斯德教和伊斯兰教中心，城中有许多寺院、佛塔、修道院和纪念碑。此外，巴尔赫城还是文化和艺术中心，它的各种文化影响继续反映在当代人们的生活中。马可·波罗将巴尔赫城描述为"一座高贵而又伟大的城市。"他还说，这里的男子非常英俊，女子非常美丽，简直"美得不可方物"；有的女性还在臀部处垫上棉垫，为的是"让自己的臀部看起来很大"。

走过巴尔赫城，马可·波罗一行来到了瓦罕走廊（Wakhan Corridor）。瓦罕走廊是一条狭长的地带，是19世纪英国在英

属印度和俄罗斯帝国之间建立的一道屏障。马可·波罗来时这个地方还没有正式名称，后来人们才将它称为瓦罕走廊。这是一条通往中国的必经之路，需要穿越帕米尔山脉。整个路途艰苦难行，令人生畏。冰川从6000米高的山峰上碾压下来，天气异常寒冷，甚至没有鸟儿飞过。他们沿着瓦罕

河（Wakhan River）进入一片终年积雪覆盖的地区，那里生活着长着 1.5 米宽犄角的大绵羊，这种羊在 1840 年根据马可·波罗的名字取名为奥维斯·波利（Ovis Poli），即马可·波罗盘羊。马可·波罗喜欢那里，因为那里纯净的空气令他心情愉悦，莫名其妙的低落情绪也随之消失了。

从帕米尔高原海拔 5000 米的瓦赫吉尔山口（Wakhjir Pass）下来，马可·波罗一行继续前行，眼见"冰山之父"慕士塔格峰（Mustagh）孤独地伫立在帕米尔高原上。但在马可·波罗的记忆中，印象最深的喀什的花园、葡萄园和庄园。喀什是中国历史文化名城；它是丝绸之路上的商

▲ 马可·波罗第一次见到元朝皇帝忽必烈时大约 21 岁，他在忽必烈身边待了 17 年

上都

上都是中国元朝的都城，其遗址位于中国内蒙古自治区锡林郭勒盟正蓝旗上都镇。1271年，忽必烈建立元朝，次年定都上都，也称作开平府、上京。上都的建筑风格与中国其他都城相同——方形，外墙包围着三个相互嵌套的子城，即宫城、皇城、外城。北面是开阔地。

埠重镇，东西方交通的枢纽和东西方经济文化、文明的重要交汇点。维吾尔族是一个拥有自己文字体系的成熟民族，他们的学者作为文士在亚洲大部分地区都享有很高的声誉。

喀什以东是亚洲的死亡地带，这里是茫茫的戈壁和塔里木盆地的流动沙丘，以及大片大片的荒漠——塔克拉玛干沙漠、罗布泊沙漠、嘎顺戈壁沙漠和库姆塔格沙漠。这里除了稀稀落落的骆驼刺，几乎寸草不生；除了沙蝇、蜱虫和零星的野骆驼，几乎没有生命。马可·波罗大肆渲染这里的危险，说什么沙精和魔鬼的声音在空中回荡，召唤人们去死。通常，中世纪的旅行者不会穿越这里，他们也没必要穿越，因为沿着南部边缘地带有一条将一个个绿洲连接起来的路线（绿洲的水来自昆仑山上奔流而下的河流），这条历史悠久路线后来被称为"丝绸之路"。马可·波罗还曾提到雅干、于阗、察汗，这些城址现在仍然存在，但其他城镇则消失在流沙之中，特别是曾经繁荣一时的楼兰古城，现在只剩下废墟。

马可·波罗一行继续向东行进，走过沙漠，来到长城脚下，这是整个万里长城的西端。在马可·波罗眼中，长城并不壮观，因为它是用芦苇草掺杂着泥土筑成的，而且已经荒芜了半个世纪。

这时（大概是1275年春天），马可·波罗一行人引起了元朝有关方面的注意。信使策马疾驰，带来了外国人来到境内的消息：他们会说蒙古语，带着黄金通行证，毫无疑问就是十年前忽必烈宫中的"拉丁人"。宫廷卫兵们骑马奔驰了"整整40天"来迎接他们,并带领他们前往忽必烈居住的上都。

一路上,也许因为周围环境变了,见到了绿草、绿树,马可·波罗谈起了动物,他详细讲述了两种动物。第一种是"一种毛茸茸的牛",他夸张地说这种牛"像大象一样大"。这是西方人对牦牛的首次描述,当时在欧洲还不为人知;第二种是像"狗一样大的鹿",他称之为"非常漂亮的动物",实际上是一种麝香鹿,其颈部的腺

真实的"安乐殿堂"

忽必烈汗不可思议的游牧民族宫殿

马可·波罗所描述的上都的"甘蔗宫",在英国诗人柯勒律治的诗中也有描述:"在上都,忽必烈汗下令建造了一座富丽堂皇的安乐殿堂。"由于这首诗记录的是一个梦境,这座宫殿很容易被当作虚构的。事实上,马可·波罗描述的是一座真实的建筑,他所说的"甘蔗"指的是竹子,产于亚热带的云南。竹茎被纵向切成两半,成为15米长的"瓦片",它们一个挨着一个形成一个圆形屋顶。

根据马可·波罗的说法,为了抵抗大风对屋顶造成的升力,"竹瓦片"被"200根丝绳"缠住。这座宫殿后来成为夏季忽必烈避暑、狩猎的休息之处。整个建筑将游牧民族帐篷易于拆卸的特点与中国的建筑材料和建筑技术结合在了一起。

体能分泌出香水制造商所需要的麝香。马可·波罗甚至说出这种鹿的蒙古语名字，即gudderi，就是现代蒙古语中的khüder。

现在，马可·波罗一行穿越半个中国，来到了银川地区。马可·波罗称银川是"伊格里加亚"（Egrigaia），用的是蒙古语，实际上蒙古语是"伊里加亚"（Eriqaya）。此外，当地有一条山脉叫"贺兰山"（Helan Shan），马可·波罗称其为"哈剌善"（Calachan）。从这里我们可以看出，马可·波罗用的词并不完全正确，但也差不多。

马可·波罗一行人跟随向导穿过了鄂尔多斯地区，走过了村庄和田野，来到了一个"有很多手工业（比如为皇帝的军队提供用品）"的地方。这里是宣化，位于从今天的北京通往曾经的蒙古边境的主干道上。在这里，他们可以右转前往忽必烈的新首都大都（位于今北京），或者左转前往忽必烈的开国首都、现在他的避暑胜地上都，也称作夏都。现在是夏天，向导知道他们的皇帝在上都。至此，只剩下250公里的路程了。

英国诗人塞缪尔·泰勒·柯勒律治（Samuel Taylor Coleridge，1772—1834）写于1797年的著名诗句中提及上都：

在上都，忽必烈汗下令
建造了一座富丽堂皇的安乐殿堂
在这里，圣阿尔夫河（Alph）汩汩流淌
穿过深不可测的洞穴
一直流向茫茫无边的海洋。

在上都确实有一座"安乐殿堂"，但没有洞穴，没有阿尔夫河，也没有海洋。在马可·波罗的时代，这座城市有12万居民，是大城市。马可·波罗一行人走在市中心的皇家大道上，大道两旁散落着一个个圆形毡帐，那就是12万居民的住所；马匹、骆驼、商人，在大道上穿梭来往，好不热闹。

他们来到了一座"非常精美的大理石宫殿"前，马可·波罗和父亲、叔叔三人被带到忽必烈的面前。忽必烈看到他的"拉丁"使节又回来了，非常高兴。面对这位中国"最有权势的人"，马可·波罗和父亲、叔叔也非常激动。他们跪下，匍匐在地，然后起身。行完大礼之后，他们向忽必烈讲述了一路上的所见所闻，并奉上了罗马教皇泰巴尔多·维斯孔蒂的信以及耶路撒冷的圣油。忽必烈问起马可·波罗是谁。

"陛下，"马可·波罗的父亲尼科洛说："他是我的儿子，也是您的臣子。"他示意马可·波罗上前一步，离忽必烈稍微近些。

"他会受欢迎的。"忽必烈非常赏识聪明、年轻的马可·波罗，留他在元朝任职。从此他们开始了长达17年的友好相处。在此期间，马可·波罗与忽必烈的关系非常融洽。忽必烈非常重视他，认为他是一个独立的信息来源，不受宫廷中其他各方势力的影响。马可·波罗蒙古语讲得很好，在中国他至少进行了五次大范围游历，足迹遍布元朝属地的各个角落。作为元朝的官方使节，马可·波罗还经常奉命出使国

外，足迹到达缅甸、印度多地。至于出使原因，可能是为了收集有关外国人和少数民族的信息。马可·波罗在后来的游记中记录了游历过程中的奇闻轶事和风土习俗，将其呈现给欧洲的基督教读者，但没有透露忽必烈派他到各地游历的原因，可能是因为他不想给欧洲读者留下他与非基督教统治者关系过于密切的印象。

在元朝任职期间，马可·波罗充分体验了宫廷生活的排场。根据他的描述，他曾陪同忽必烈往返于开国都城上都和新首都大都之间，单程需要三周时间。忽必烈出行乘坐的是一个设计特别的象轿，就像一个移动的房间，由四头并列的大象拉着前行。大都之所以被选中作为新首都，是因为原首都上都位置偏北，对控制中原不利。由于忽必烈的祖父成吉思汗攻占大都时焚毁了金朝（1115—1234，中国历史上由女真族建立的统治中国北方和东北地区的封建王朝）在此的宫城，所以大都几乎是从零开始建造的：寺庙、花园、湖泊和一座由上漆木材和闪闪发光琉璃瓦构建的宫殿。宫殿正中是一个可容纳6000人的觐见大厅，四周是各种厅殿、藏宝室、办公室和居室。宫殿外有一片开阔的绿地，鹿和羚羊在悠闲地吃着草。宫廷生活围绕着150个历史悠久的仪式展开，由四个政府部门和一个礼仪委员会负责管理。其他部门管理着1.7万名官员。三个主要的国事活动是每年九月底的大汗生日、每年的元旦和春季狩猎。

在每年的元旦和大汗的生日，不仅各

种礼物从帝国远方源源不断送来，还举办盛大的游行活动。马匹、大象和骆驼列队行进；成千上万的人身着白衣（以示吉祥）用额头触地以示对皇帝的崇拜；最后是大型宴会，皇帝和随从站在高台上，由大臣为他们服务，这样"他们身上的气息或气味就不会玷污君主的菜肴"。

狩猎活动通常在每年的3月1日开始，持续40天左右，狩猎范围约500公里。马可·波罗讲道，有1.4万名狩猎者和1万名养隼者（尽管数字可能夸大了）参加，他们带着大鹰、苍鹰、游隼和鹫，还有2000只猎犬，去猎杀野兔、狐狸、鹿、野猪，甚至狼。晚上，忽必烈和大家一起都住在帐篷营地。他的大帐篷位于营地中心，里面衬着白色和紫色貂皮，还有防潮的虎皮。白天，皇帝就坐着四头大象拉着的象轿，出去打猎。

马可·波罗描述了当时的情景："有时，他们走着走着，忽必烈会从象轿中探出头来和随行的大臣交谈。有一次，他们正闲聊着，一位大臣惊呼：'陛下！快看，那边有一群鹤。'忽必烈立刻把象轿顶盖打开，看准鹤的位置后，将一只猎鹰放过去抓鹤。"

对于马可·波罗来讲，这样的生活在1292年结束了。彼时忽必烈年事已高，身体肥胖，健康状况很差。马可·波罗、他的父亲和叔叔对于在新统治者管理下的未来感到担忧，提出要离开这里回国。忽必烈虽然不情愿，但也答应了他们。马可·波罗和父亲、叔叔从海上出发前往威尼斯，同行的还有一位公主，这位公主将嫁给忽必烈在波斯的一位亲戚。马可·波罗一行在1296年回到了家乡威尼斯，这时忽必烈已经去世两年。

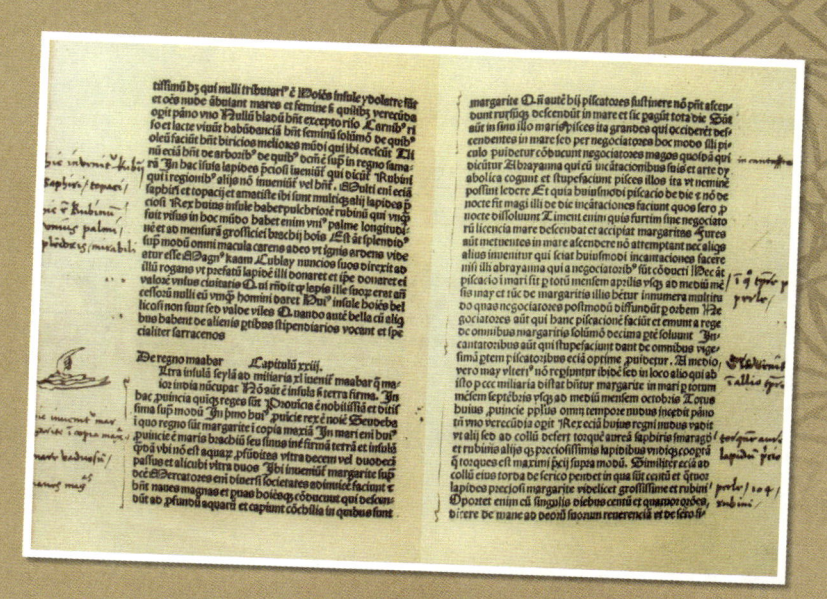

马可·波罗的影响

几个世纪以来，马可·波罗的故事一直受到质疑，那么究竟是真是假呢？

《马可·波罗游记》是由马可·波罗口述、他人记录整理后形成的。1296年，马可·波罗和父亲、叔叔回到家乡威尼斯。1298年11月，威尼斯和热那亚两城邦交战，马可·波罗被俘。在狱中，马可·波罗向狱友鲁斯蒂谦（Rustichello）口述了他在东方的探险经历。鲁斯蒂谦将马可·波罗的见闻详细记录下来，并最终整理成一部著作，命名为《东方见闻录》，就是后来广为人知的《马可·波罗游记》。由于该书出版于印刷术发明之前，因此是经人抄写翻译之后"出版"的。原书已经遗失，副本也已损坏。由于没有其他信息能证明其真实性，人们一直将《马可·波罗游记》视为一本寓言集。

几乎整整两个世纪后，《马可·波罗游记》的影响才显现出来。随着15世纪欧洲的教育向普通民众开放、学习知识的浪潮兴起，人们对外部世界了解得越来越多；另外，后来的旅行者讲述的一些见闻也表明《马可·波罗游记》中的故事基本上是真实的。15世纪末是伟大的探险时代，欧洲人试图到达东方，寻求与东南亚国家和被称为"国泰"（Cathay，马可称中国北方为Cataia，源自蒙古语Khiatad）的中国大陆进行贸易。

1487年，葡萄牙人开辟了环绕非洲南部的海路。意大利探险家、航海家克里斯托弗·哥伦布（Christopher Columbus，1451—1506）受到马可·波罗的事迹以及根据他的描述绘制的地图的启发，建议：如果去中国，可以向西穿越大西洋，直接到达中国，这是一条更快捷的路线。但葡萄牙人坚持走非洲路线，拒绝了哥伦布的提议。哥伦布向西班牙国王费迪南德（Ferdinand）和王后伊莎贝拉（Isabella）提出了同样的想法，得到了他们的支持。结果大家都知道了：哥伦布在1492年发现海洋并没有一直延伸到中国，有一块大陆挡住了去路，哥伦布以为他到达了中国，其实并没有，他到达的是一块新大陆——美洲大陆。

马可·波罗的丝绸之路

马可·波罗从威尼斯出发，一路向东，走过了一条人迹罕至的路线

❶ 伊拉克国家博物馆
🇮🇶 巴格达

1258年，蒙古大军在成吉思汗之孙旭烈兀（1217—1265，忽必烈的弟弟）的率领下，发起了对巴格达的进攻。巴格达的城墙被炸开，蒙古大军如潮水般涌入城内。一时间，巴格达城内血流成河，居民惨遭屠杀。他们将哈里发的宫殿付之一炬，并摧毁了清真寺、医院和智慧宫，抢夺了大量的财富和珍贵艺术品。

巴格达这座饱经沧桑的城市有许多宝物值得一看。中世纪的学校建筑群"穆斯坦西里亚大学"（Mustansiriya Madrasah）是至今岿然独存的阿拔斯王朝时期最重要的古建筑之一。在巴格达，您还可以参观伊拉克国家博物馆（National Museum of Iraq），它是伊拉克建立最早、藏品最丰富的博物馆，被联合国教科文组织列为世界第十一大博物馆。伊拉克国家博物馆收藏了大约25万件珍贵历史文物。尽管在2003年伊拉克战争中馆中数以千计的藏品遭到劫掠，但仍然有大量无价之宝尚存。

如今，文物修复师已经将博物馆中破损的藏品修复好，遭到破坏的展厅也恢复了原貌。在伊拉克，一共有1.3万处考古遗址。随着出土文物的不断增加，伊拉克国家博物馆的展品一定会越来越丰富。

伊拉克国家博物馆自2003年美军在伊拉克发动战争后关闭。2015年3月1日，伊拉克国家博物馆在关闭12年后重新开放。2022年3月8日，伊拉克国家博物馆在因新冠肺炎疫情关闭3年后重新开放。每天上午8时至下午2时30分均可参观，周五除外。

▲ 现在的巴格达是在城市废墟上建立起来的，博物馆的馆长们希望能发掘出失落的宝藏

◀ 绿色清真寺（Green Mosque）于1421年建成，是一座具有浓厚伊斯兰文化特色的精美建筑

❷ 巴尔赫废墟遗址
巴尔赫

尽管马可·波罗将巴尔赫描述为"高贵的城市和伟大的学术之地"，但实际上当他到达巴尔赫时，战争对其造成的破坏已经显而易见。1220年，成吉思汗的十万骑兵大军摧毁了这座城市，这个丝绸之路要道上的名城变为一片废墟。

15世纪初，帖木儿占领巴尔赫后，对其进行了重建。他们修复了城墙，新建了许多宏伟建筑。19世纪中叶，由于该地区没有排水系统，各种疾病频繁发生，巴尔赫逐渐走向没落，最终被附近的马扎里沙里夫镇（Mazar-i-Sharif）取代。但是这并不意味着巴尔赫不值得一游。

在这座古城遗址，一些古老的建筑依然存在。只要阿富汗的动荡局势不会让你望而却步，那么漫步在巴尔赫废墟遗址及周边地区，您可以领略到这里昔日的风采。位于这里的巴尔赫博物馆（Balkh Museum）藏有许多伊斯兰教的历史文物，虽然曾经遭到抢劫，但仍然值得一看。

参观古城遗址不收费，每天都可以参观。

③ 哈拉和林博物馆
哈拉和林

　　哈拉和林（Karakorum，位于今蒙古国中心地区）曾是蒙古汗国的首都，现在是著名的旅游胜地。13世纪中叶，这里是世界的中心，大半个欧亚大陆都笼罩在这座城市的权力和威势之下。罗马教皇的传教士、南宋朝廷的使节团、波斯商人的驼马队、高丽王国的进贡者，等等，都在这里汇集；佛殿、清真寺和基督教堂等各种宗教和文化都在这里融合；大汗的诏令从这里发出，送达世界各地的蒙古大军；这里集合了从中欧、东欧、西亚、中亚、东亚、南亚诸地区抢掠来的奇珍异宝。哈拉和林是当年蒙古高原上最繁华的都市，也是丝绸之路上重要的贸易中心。

　　马可·波罗来到哈拉和林时，此地仍是当时漠北的重要城市和交通枢纽，是一座具有非凡意义的城市。马可·波罗被这里的一切深深地吸引着。他写道："这里有广袤的草原、巍峨的山脉和清澈的湖泊……，这里有像大象一样大的野牛……"希望您有机会到此一游，体验一下马可·波罗的感受。虽然这座城市如今已成为废墟，但它是世界遗产保护区，是一个充满魅力的旅游目的地。

　　哈拉和林博物馆是一座历史与考古博物馆，位于蒙古国哈拉和林遗址。这里收藏了许多蒙古汗国的文物，其中一个展厅展出的是与上都的历史有关的文物，让人大开眼界，这对于了解该地区黄金时代的历史非常有益。馆内的藏品有汗王的著作、宗教雕像、钱币、青铜器等，展品定期更新。如果要想充分了解蒙古汗国的历史，还真需要一些时间在这里好好看看。

　　博物馆开放时间为4月至10月的每天上午9点至下午6点，其余月份为周一至周五的上午10点至下午5点。

▲ 展厅中陈列有序的展品展现出这座城市建造、发展的过程，揭示了这座前都城的生活面貌

▶ 卢沟桥始建于 1189 年，中国历史上的金代，1192 年建成。马可·波罗曾对其大加赞赏

④ 马可·波罗桥
🇨🇳 北京

1275 年，马可·波罗来到大都（今北京），他爱上了这里的一切。他在《游记》中写道："这里的街道笔直宽阔，你可以从一端看到另一端，从一扇门看到另一扇门……城内有一座座美丽的宫殿，还有许多客栈和民居。"如果您来到这里，是不是也能爱上她呢？

马可·波罗在中国停留了 17 年，为忽必烈大汗工作。他在这 17 年间游历了整个亚洲，当然他对中国、对大都更加熟悉。如果您来北京，最好先去北京城以南 15 公里处永定河上的多拱石桥看看。这座桥横跨卢沟河（即永定河），所以被称为"卢沟桥"，但是它也叫"马可·波罗桥"，因为元代来中国的马可·波罗在其游记中描述过这座桥，称之为"马可·波罗桥"，并盛赞其"也许是世界上无与伦比的大石桥"。马可·波罗的描述使得卢沟桥在西方获得了广泛的认可和赞誉。

此外，卢沟桥在中国历史上占据着重要的地位。1937 年 7 月 7 日，日本在此发动全面侵华战争，史称"卢沟桥事变"，中国抗日军队在卢沟桥打响了全面抗战的第一枪。卢沟桥始建于中国金代，明、清都曾加以修葺，如今桥的形制、桥基、桥身的构件和桥上石雕部分仍为金代原物。1985 年在卢沟桥旁修建了一条公路，这座古老的石桥上不再有车辆通行，被保护起来。

卢沟桥是横跨卢沟河的户外建筑，因此不收取参观费用。前往北京的最佳时间是 5 月、6 月、9 月和 10 月，因为这几个月的极端天气较少。

时间旅行者手册
撒马尔罕

撒马尔罕是中亚历史名城。由于土地肥沃，自然资源丰富，自公元前1500年起就有人在该地区生活。撒马尔罕在乌兹别克语中是"肥沃的土地"的意思。在历史上，撒马尔罕是中亚重要的政治、经济、文化中心，古代丝绸之路的重要枢纽；是古代中国通往印度、阿拉伯以及欧洲的必经之地，也连接着中国、波斯和印度这三大文明区域。作为商旅贸易往来的重镇，南来北往的不同民族都曾在撒马尔罕留下自己的足迹，将各自的语言、饮食、文化、宗教等带到这里，使撒马尔罕成为一座多元文化城市。这里的民族工艺品非常有名，不仅奢华精美，而且极具异域特色，尤其是地毯和陶器。

1220年，成吉思汗率蒙古大军攻陷撒马尔罕，这里遭受了灭顶之灾。多数建筑物被毁，只剩下断壁残垣，整座城市几乎变成废墟。1370年，帖木儿帝国建立，君王帖木儿制定了重建撒马尔罕的宏伟计划。他把各地的能工巧匠召集到撒马尔罕，在城里修建起宏伟的宫殿和精美的清真寺，重现了昔日的辉煌；他还将各地的学术精英聚汇到撒马尔罕，文学艺术、天文历法、科学技术一度得以繁荣。一时间，撒马尔罕成为富甲天下、万商云集、人才荟萃的世界名城。如今，我们在撒马尔罕见到的美轮美奂的古建筑基本都是帖木儿帝国时期的遗存。

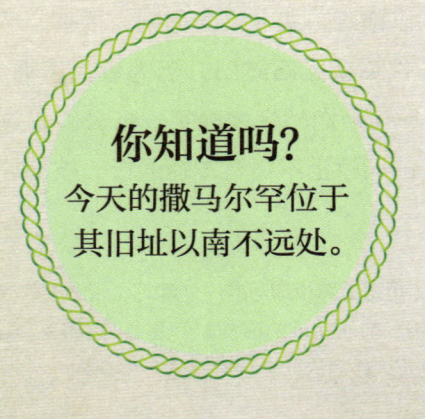

> **你知道吗？**
> 今天的撒马尔罕位于其旧址以南不远处。

重建都城

　　帖木儿极其重视撒马尔罕都城的建设。由于帖木儿对首都的宏伟构想，撒马尔罕一直处于不断建设的状态。如果居民的房屋妨碍了他的计划，他会毫不犹豫地下令将其拆除；如果一些建筑不符合他极高的标准，即使已经建成，他也会下令立即拆除重建，例如，为纪念他的妻子而修建的清真寺，几乎就在清真寺建成的同时，他宣布入口处的拱门太低，并下令立即将其拆除，重新开始建造。

注意事项

✅ **无论什么种族或宗教信仰，都会受到欢迎**
帖木儿根据能力而不是种族赏罚将士、管理军队。在撒马尔罕，各个地区、各个民族的人都可以来此做生意，都会受到友好对待，因此这座城市越来越繁荣。

✅ **在这里，你可以见到许多历史名人**
著名阿拉伯学者、旅行家伊本·白图泰（Ibn Battuta，1304—1377）曾于14世纪游历过这座城市；西班牙卡斯蒂利亚王国（Kingdom of Castile，1035—1837）宫廷大臣、著名旅行家、作家鲁伊·冈萨雷斯·德·克拉维霍（Ruy González de Clavijo）曾于15世纪初受国王恩里克三世之托出使帖木儿帝国，并到撒马尔罕向帖木儿朝觐。

✅ **浏览名胜古迹**
在撒马尔罕有许多名胜古迹，沙赫静达陵墓群（Shah-i Zinda necropolis）就是其中之一。这是一组彩色陶瓷饰面的纪念性祭祀建筑群，由13座陵墓和一座清真寺组成，主要修建于14—15世纪，建筑基调为青色。在这里，巧妙的设计、精美的装饰使这里的建筑物极富美感，既富丽堂皇而又呈现出各自不同的风貌，令观者叹赏不已。

✅ **城市的中央大街**
在中央大街的两侧，店铺林立，各种商品应有尽有，您几乎可以买到任何想要的东西。

有用的技能

帮助您在历史上最有利可图的贸易路线上取得成功的基本技能

建设

今天的撒马尔罕正处于快速发展和重建之中。老房子被拆毁,为修建通畅的、从城市一端延伸到另一端的新街道让路;沿街店铺林立,商品琳琅满目。

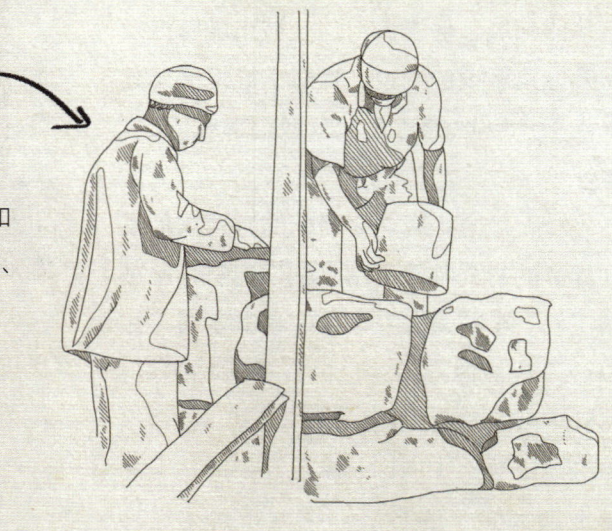

艺术

当今在撒马尔罕,正是波斯艺术的黄金时代。中国艺术的影响在某些方面也能显现出来。撒马尔罕人将书法、插图和装订结合在一起,利用独特工艺出版的书籍装帧精美、色彩绚丽,令人惊叹不已。

商业

撒马尔罕是一座著名的商业城市。如果你有经商想法,请来这里吧,它一定不会让你失望的。这座城市尤其以皮革、亚麻、丝绸、香料以及甜瓜和葡萄等水果而闻名。

文化的交汇口

帖木儿一心想将撒马尔罕建设成一座繁华的都城，他憧憬着这座城市能够恢复丝绸之路重镇的地位，熙熙攘攘地聚集着来自亚洲各地的商人、学者、宗教人士，等等。

然而，他实现这一目标的方式与他发动战争的方式并无区别。他强迫身怀绝技的工匠、手艺人以及学识渊博的学者、知识分子从被他征服的地区迁往撒马尔罕，如果不从，就会棍棒相加。不过，在建设撒马尔罕的施工现场，帖木儿采取了"胡萝卜加大棒"的方法。根据曾觐见过帖木儿的西班牙宫廷大臣、使节克拉维约（Clavijo）的描述，帖木儿会把熟肉和硬币扔给正在施工的建筑工人，鼓励他们加快进度，但是，如果他们不能在规定的期限内完成任务，必然没有好下场。

最终，这座精心打造的城市确实令人赞叹。在这里，你可能看宽阔的广场、精美的花园、清净的宗教学校清真寺，还有各式各样华丽的宫殿。即使在帖木儿死后，撒马尔罕城仍然是一个美丽的地方，因为他的继任者们在创立者最初的设想基础上进一步发展了这座城市。今天，撒马尔罕不仅是中亚地区最重要的文化、科学和商业中心之一，而且依然美丽无比：踏入这座城，仿佛踏入童话世界，恢宏的建筑、蔚蓝的马赛克、繁复的装饰图案，令人过目难忘。

古尔－艾米尔陵墓
（Gur-e-Amir）

古尔-艾米尔陵墓即帖木儿陵墓，主体是一个八角形的圆顶建筑，通体包裹着天蓝色琉璃面砖，色彩淡雅，光耀夺目。墓顶上有一个标志性的水蓝色球锥形大圆顶，墓前有一块令人惊叹的玉石，据说是当时世界上最大的玉石。

帖木儿夏宫
（Ak Saray Palace）

这座建于14世纪的夏宫，是帖木儿在沙赫里萨布兹（Shahrisabz，帖木儿的故乡，今乌兹别克斯坦南部城市）大获全胜后，请来各地最好的工匠，用了24年的时间修建的，可见当时的夏宫是一座多么富丽堂皇的宫殿。如今，时过境迁，现在的夏宫已是一片废墟，仅有两个高高的门廊孤零零地站立在那里，人们只能通过那些残缺的马赛克瓷砖去想象它当时的华丽精美。

雷吉斯坦广场
（Registan Square）

雷吉斯坦广场位于撒马尔罕市中心，由三座经学院组成，是一组完美的建筑群。这三座建筑高大壮观，气势恢宏，内有金碧辉煌的清真寺，代表了14世纪晚期整个帖木儿帝国最杰出的建筑典范：巨型拱门、高耸的宣礼塔、深蓝的大穹顶、繁复细密的墙体花纹、极富想象力的造型与色彩……伫立广场中央，便会不由得被这满眼的伊斯兰文化深深震撼。

如何建立贸易路线

最早的长途贸易是在西亚两河流域的美索不达米亚和今天巴基斯坦境内的印度河流域之间进行的。从公元前3000年前后开始，印度河流域的香料通过骆驼队运送到美索不达米亚，又将那里的青金石和青铜器运送回来，这条运输路线就是后来的丝绸之路。

在15世纪末到17世纪中期的大航海时代（Age of Exploration，欧洲航海探险和殖民扩张的时代），欧洲的航海家们开辟了新的海上贸易路线，发现了新的大陆和地区，获取了大量的财富和资源。欧洲商人利用船只进行海路运输，缩短了货物运输的时间，促进了贸易活动。下面我们一起来了解他们是如何建立贸易路线，以及贸易路线是如何产生思想交流的。

你需要……

- 大帆船
- 西班牙银币
- 武器
- 20~30 名船员
- 四分仪（常用于测量海上方位或观看星辰）

确定目标

意大利探险家、航海家克里斯托弗·哥伦布出海探险是为了寻找财富，寻找能带来丰厚利润的货物，然后将其装上船运回欧洲。

寻找富有的赞助人

如果你没有足够的资金支撑海上探险，那就找人帮忙吧。哥伦布就是在西班牙卡斯蒂利亚王国女王伊莎贝拉一世的资助下出海的，条件是同意分享他发现的一切宝藏。

带上生活必需品

一定要对航行的距离做到心中有数，确保船上有足够的食物和水，否则就可能需要中途靠岸补足给养。哥伦布在启航时携带了足够维持一整年的补给品。

以船队形式出海

出海远行不知道会遇到什么情况，所以最好结伴，以船队形式出海。哥伦布首次远航就是带着由三艘船组成的船队出发的。遗憾的是，在首航探险接近尾声时，他的旗舰"圣玛丽亚"（Santa Maria）号在海地附近触礁沉没，所以只有两艘船返回。

寻找捷径

远航前一定要像哥伦布一样做好功课。哥伦布认为向西横渡大西洋比向南绕过非洲到达东方距离短、路途近。

01 寻找供货商

如果你需要某种物品，但在当地找不到，那就到更远的地方去找吧。你可以从亚洲进口美味的胡椒、肉豆蔻、丁香或肉桂等香辛料，但是要知道，控制贸易路线的阿拉伯商人和北非商人会提高价格，而且通常需要很长时间才能交货。

02 驶向大海

商品贸易走海上路线是为了避开中间商，寻求直接交易。另外，避开陆路走海路，还因为当时奥斯曼帝国控制了东西方陆路贸易的通商要道，陆路贸易受阻。利用航海技术的优势，找一艘适于探险用的帆船，寻找合适的海上路线运输你的货物吧。

03 达成交易

找到理想的航线后，通过在东南亚重要港口停泊并与供货商进行谈判，建立直接贸易伙伴关系。此外，还要确保自己有足够的货源。白花花的拉美白银是诱人的，如果你手中始终有别人需要的商品，那么你的财富就会持续不断地增长。

04 开始运输货物

避开奥斯曼帝国封锁的陆路商道，通过海路用大帆船将货物运往欧洲。如果途中遭遇海盗，船只被拦截，用武力对付他们，可以请求交易方派武装力量保护。

05 建立贸易站点

通过港口征税并在沿海建立一系列贸易站点确保自己的优势。随着时间的推移，在这些站点停靠的人会越来越多，他们进行货物贸易并分享各类信息，也在这里歇脚、休整。一些站点甚至发展成为繁华的城镇，从而推动了当地商业的发展。

如何不失去对物资的控制

在探索时代，欧洲人渴望从东方获得香料。肉豆蔻是一种原产于印度尼西亚摩鹿加（Moluccas）班达群岛（Banda Islands）的香料，被认为具有致幻、预防瘟疫和壮阳的作用。

最初，葡萄牙人控制了这片领土，并于1512年在群岛上建立了殖民地。1580年这片领土归西班牙管辖。1602年荷兰人成立东印度公司，并与班达群岛的酋长签订了贸易条约，但是由于班达人破坏了条约中相关条款，双方关系破裂，荷兰人屠杀了数千班达人。

当荷兰东印度公司业务不断扩展，几乎处于垄断地位时，英国人设法控制了班达群岛最小的盛产肉豆蔻的岛屿卢恩岛（Run），这引发了荷兰人和英国人之间的争斗。最终，荷兰人于1667年与英国人签署《布雷达条约》（Treaty of Breda），以远在北美洲的曼哈顿岛（Manhattan，也叫新阿姆斯特丹）换取了卢恩小岛，取得了对肉豆蔻的绝对垄断地位。虽然荷兰因此完全控制了肉豆蔻贸易，但它并不能永远保持这种控制权。1809年，英国研究出了在马来西亚和印度种植肉豆蔻的方法，这使得荷兰贸易路线的利润大打折扣。

除丝绸之路外的 3 条著名的贸易路线

古盐之路
德国 956—1700 年

这条食盐贸易路线全长 100 公里，从德国北部的盐城吕讷堡（Lüneburg）到北海岸的吕贝克（Lübeck）。在人类还没有能力提取海盐的时代，矿物盐是食盐的唯一来源，在今天看上去不值一提的"盐"在中世纪异常珍贵，被称为"白色的黄金"。

熏香路线
欧亚大陆 公元前 600—100 年

熏香路线主要运输乳香和没药。它们可以作为熏香燃烧或用作香水，也用于防腐。阿拉伯游牧民族驯化了骆驼后，商人开始通过驼队将珍贵的乳香和没药运到重要的商业中心地中海。乳香和没药成为罗马人、希腊人和埃及人的重要商品。

茶马古道
中国西南 600—1900 年

这条古老的路线蜿蜒 4000 多公里，穿过横断山脉（中国主要的茶叶产区），一直延伸到印度。这条路还横跨许多河流，使其成为古代贸易路线中最危险的路线之一。这条路线的主要货物是横断山脉地区的茶叶和西藏的战马，两者直接交换，以茶换马，或以马换茶。

حصار يكوالی

◀ 曾经强大的拜占庭帝国在奥斯曼土耳其人的进攻下灭亡

衰落与重生

丝绸之路促进了东方与西方的贸易交流和财富增长。然而，一些闻名遐迩的路线在重获新生之前曾一度急剧衰落

凯瑟琳·寇松

自古以来，丝绸之路是世界上最重要的贸易路线之一。它将东西方的世界连接起来，使文化、哲学和艺术得以传播，同时也将贸易带到了新的土地上。然而，丝绸之路距离长且穿越各种地形地貌，因此充满了危险，而且，正如了解它的人所说，丝绸之路时常会受到周边国家和地区不稳定的政治局势的影响。

拜占庭-奥斯曼战争在近两个世纪的时间里持续不断，欧洲大陆饱受蹂躏。拜占庭帝国屡次遭到奥斯曼土耳其人的进攻，最终受到毁灭性打击。随着拜占庭帝国内部分裂，外部冲突不断，奥斯曼人征服拜占庭帝国的时机已经成熟。14世纪，奥斯曼人开始蚕食拜占庭，并最终一点一点地将其全部占领。

丝绸之路沿线有许多具有特色的城镇，但是像君士坦丁堡这样极具战略意义的港口城市却很少。彼时，君士坦丁堡是摇摇欲坠的拜占庭帝国的首都。一直以来，君士坦丁堡是一个非常富裕的贸易中心，位于古丝绸之路的终点。从这里，各种货物离开港口转运到世界各地，其中最主要的是丝绸。拜占庭帝国通过丝绸贸易赚到了大钱，后来在掌握了丝绸生产的技术后，自己开始生产丝绸并向外出口。君士坦丁堡的战略地位和财富曾一度使拜占庭帝国不可小觑，但也使其成为众矢之的。

虽然君士坦丁堡在一段时间内没有受到奥斯曼入侵军队的影响，但是在1453年，这座拜占庭帝国都城的命运还是走到了尽头。随着奥斯曼帝国的发展壮大，拜占庭的领土不断被蚕食，最后只剩下君士坦丁堡。1453年4月，奥斯曼帝国的军队向这座城市发起进攻，用巨型大炮轰击城墙。虽然守军顽强抵抗，但是在持续的围攻下，君士坦丁堡最终被攻陷，落入了奥斯曼人手中。君士坦丁堡的陷落标志着拜占庭帝国的终结，奥斯曼帝国的崛起。

奥斯曼人控制君士坦丁堡后，立即加强了对贸易路线的管理。他们利用对该地区及其海上和陆地路线的统治地位，增加了商人的经营成本。现在，奥斯曼人控制了丝绸之路上货物经海路进入西欧的两个主要港口——威尼斯和君士坦丁堡，掌握了绝对的话语权。之前所有对信奉基督教

◀当君士坦丁堡落入奥斯曼军队之手时，拜占庭已无力反击

的商人的优惠政策，在奥斯曼政权下都被搁置一旁，不仅如此，这些商人还被征收最高的进口费。随着管理费用和其他各种费用的飙升，港口运输量开始下降。往日由于意大利商船和它们带来的财富而热闹非凡的君士坦丁堡，逐渐冷落、萧条。

这也是古丝绸之路末日的开始，因为与这座城市相关的陆路贸易，情况也不会好到哪里去。丝绸之路绵延7000多公里，穿越众多地区，经过各种地形地貌，沿途有形形色色不同宗教文化背景、不同政治立场的人，在这样的路途中怎么会一直一帆风顺呢？丝绸之路的安全、商人和旅行者的安全，受制于丝绸之路的控制者、商人和旅行者所经之地的控制者。在漫长的行程中，某段路途或者某个地区出现紧张局势或者发生意想不到的事件不足为奇。

成吉思汗统治时期，曾一度控制着丝绸之路的大部分地区，首先是北方的路线，然后是南方的。其间，丝绸之路被保护得很好：没有强盗侵扰，沿途各地区的商人、宗教人士、旅行者（如马可·波罗）等在这一时期自由出行，非常安全。

随着元朝的衰落，曾经安全的丝绸之路落入各派军阀之手。商人、旅行者和其他过路者对丝绸之路的安全失去了信心，过往的人员减少了，即使一些商人冒着风险继续进行贸易，商品种类也不如以前丰

▲ 在大发现时代，马可·波罗等探险家利用丝绸之路到达了人们以前无法企及的地方

富了。另外，到了14世纪，那些带着一匹匹抢手的丝绸离开中国、翻山越岭通过陆路进行丝绸贸易的商人也少了，满载外国丝绸的欧洲商船在中国港口已是司空见惯，因为远洋运输比陆路运输更加快捷高效，并且其他国家也开始生产丝绸了。

为了应对这些船只的入侵，明朝实行了"海禁"，禁止外国船只进入中国水域。此外，陆路交通也开始受到更严格的管制。如果有货物想进入中国，只能通过陆路，通过丝绸之路。另外，即便货物通过丝绸之路能够进入中国，也不再像以往一样安全。由于危险因素日益增多，丝绸之

▲ 成吉思汗建立大蒙古国之后，控制着丝绸之路的大部分路线

路的吸引力已经大打折扣。那些依靠丝绸之路上的商品贸易获得收入的商人以及通过丝绸之路探索新大陆的探险家不得不另寻他路。

人们开始寻找通往东方的新路线，他们确信答案就在海洋之中。他们求助于古希腊数学家、地理学者托勒密（Ptolemy）的《地理测绘学》（Geographical Survey）。该书成书于2世纪，宣称在欧洲最西端的海岸和遥远的东亚海岸之间没有陆地。如果一艘船从欧洲西端海岸出发，绕地球航行，最终会到达东亚海岸。然而，当时的造船技术还不能建造出远途航行的船只。但是，几个世纪以后，随着造船技术越来越成熟，性能先进的远洋船只已经能够实现这一想法。

15世纪，意大利著名探险家、航海家哥伦布通过计算确定他能够完成从欧洲到东亚海岸的航行，于是，在西班牙王室的资助下，他启航前往中国。结果正如大家所知，哥伦布发现了一个新大陆。之后，在不到10年的时间里，葡萄牙探险家抵达印度，并迅速签署贸易协定，使货物得以从亚洲运往欧洲和其他地区。

随着时间的流逝，古丝绸之路已经破败不堪，沿线曾经繁荣富裕的城市、城镇逐渐沦为废墟，陷入沉寂，成为逝去时代的遗迹。但是这一切在21世纪发生了改变，东西方希望通过这条路线重新建立联系。这条现代丝绸之路是一条穿越中国、哈萨克斯坦、蒙古和俄罗斯的铁路，于1990年竣工，之后逐渐扩展成一个网络，中国的货物可以直接运到德国，没有了以往常见的危险，而且效率远远高于海运。此后，该网络不断扩大，中国货物可以远达西班牙、意大利和英国。

一路走来，沿途的城市正在发生变化，从投资、移民到发展、繁荣，就如同古代丝绸之路一样。丝绸之路曾一度被认为是过去式，但现在正在重生。

▲ 明朝实施禁船令时，哥伦布希望通过向西航行到达亚洲。然而，他发现了新世界

图片所属

7页	Getty
15页	Wiki;Flazaza
24页	Wiki;Rama
25页	Wiki;Martin Bahmann
26页	Wiki;Miomir Magdevski
33页	Wiki;Roland Unger
36页	Chez Cåsver (Xuan Che)
40页	Zossolino (Wikipedia)
43页	Alamy
44、45页	Wiki
46页	Getty Images
47页	Alamy
48页	Wiki
50页	Wiki PHGCOM
51页	Wiki
52页	Wiki David Stanley
53页	Wiki
57页	G41rn8 (Wikipedia)
60、62页	Getty Images
66页	Wiki, Bernard Gagnon
71页	Getty
72—74页	Wiki
75页	Getty
76、77页	Wiki
78、80—85、87页	Wikimedia
88页	Getty Images
90页	Alamy
91页	Wiki
93、94页	Getty Images
95、96页	Wiki
98、99页	Alamy
101页	Getty Images
102页	Alamy
103、104页	Getty Images
108页	Wiki; Gary Lee Todd
109页	Wiki; GourangaUK
110页	IWiki / Luis García
113、117页	Wiki
118页	Pixabay
119、120页	Wiki
122页	Welcome Collection
125页	Getty Images
126页	Welcome Collection
128页	Getty Images
129、130、132—134页	Welcome Collection
140页	Alamy
142、143页	IGetty Images
144页	Alamy
146—149、153页	Getty Images, Alamy
158页	Wiki©Bjorn Christiantorrissen
160页	Getty
163页	Wiki © Ego Tigris
164、165页	Wiki
167、168、171、172页	Alamy
173页	Getty
175页	Alamy
178页	© Joe Cummings
180、181页	© Wiki
183页	© Getty
184、185、187、188页	©Wiki
192页	© Alamy
198页	Alamy
201—203页	© Ed Crooks
204—206、208—211页	Wiki